王先明与亚洲著名天使投资人、真格基金创始人徐小平合影

王先明与知名主持人、作家乐嘉合影

王先明与知名流行音乐制作人黄国伦合影

王先明与思埠集团董事长吴召国合影

王先明与当当网CEO李国庆合影

王先明与IDG资本创始合伙人、IDG全球常务副总裁兼亚洲区总裁熊晓鸽合影

王先明与华艺传媒总裁杜子建合影

王先明与央视二套
《对话》等栏目主持人陈伟鸿合影

王先明、陈建英与中道文化团队成员

王先明与陈建英

网红经济 3.0

自媒体时代的掘金机会

王先明　陈建英◎著

WANGHONG ECONOMY

当代世界出版社

图书在版编目(CIP)数据

网红经济3.0：自媒体时代的掘金机会 / 王先明，陈建英著．
—北京：当代世界出版社，2016.8
　ISBN 978-7-5090-1130-0

　Ⅰ．①网… Ⅱ．①王… ②陈… Ⅲ．①网络营销—研究
Ⅳ．① F713.36

　中国版本图书馆 CIP 数据核字（2016）第 190790 号

书　　名：	网红经济 3.0：自媒体时代的掘金机会
出版发行：	当代世界出版社
地　　址：	北京市复兴路 4 号（100860）
网　　址：	htip://www.worldpress.org.cn
编务电话：	（010）83907332
发行电话：	（010）83908409
	（010）83908455
	（010）83908377
	（010）83908423（邮购）
	（010）83908410（传真）
经　　销：	全国新华书店
印　　刷：	北京凯达印务有限公司
开　　本：	710 毫米 × 1000 毫米　1/16
印　　张：	16.5
字　　数：	210 千字
版　　次：	2016 年 9 月第 1 版
印　　次：	2016 年 9 月第 1 次
书　　号：	ISBN 978-7-5090-1130-0
定　　价：	42.00 元

如发现印装质量问题，请与承印厂联系调换。
版权所有，翻印必究，未经许可，不得转载！

前 言

2016年初,一个现象级事件使得"网红经济"一词爆红。

从2015年10月开始,一个网名为"papi酱"的姑娘陆续在微博、微信等平台上发布了一系列原创搞笑短视频,仅仅用了半年的时间就获得了600万关注者。截至2016年4月,papi酱的微博粉丝数已经接近1300万。

2016年3月,加冕"2016中国第一网红"的papi酱获得了真格基金《罗辑思维》、光源资本和星图资本共计1200万元人民币的投资,并获得亿元级别的高额估值。

2016年4月21日,papi酱首条贴片广告以2 200万元的高价被丽人丽妆公司拍得。

2016年4月25日,papi酱的内容品牌papitube开始公开招聘。

一直以来,业内外人士对于"网红"一词的理解褒贬不一,但不可否认的是，以papi酱为代表的网红群体已经展现出了强大的流量优势，成功对接了产业与资本市场，引起了越来越多的创业者、企业管理者以及投资人的重视。

虽然网红经济2015年才开始崛起，但"网红"在中国已经有20多年的进化史，并大体可以被划分为3个阶段，即以网络写手为代表的1.0时期，以草根红人为代表的2.0时期，以知名ID、电商模特、视频主播等为代表的3.0时期。从1.0过渡到3.0，网红的产业化形式由单兵作战升级到了团队协作。网红经济的规模在不断发展壮大的同时，也催生了许多网红孵化创业公司。

在网红经济3.0时代，网红整体产业链已经形成了各环节有序协同配合、包产销一体化的网红经济运作模式，主要的参与主体包括：各大社交媒体平台、网红、网红孵化公司、品牌商、供应商、电商平台、物流公司、广大粉丝群体等。

网红产业的崛起颠覆了传统受众接收信息的习惯，传统的内容生产方式逐渐被润物细无声的方式所取代，并上升到了一个新的高度。网红已经完成了从"网络红人"到明星的蜕变，未来明星或将实现"网红化"，明星将逐渐走进大众群体，并充分发挥移动互联网的作用来提升影响力。

随着移动互联网去中心化时代的到来，网红群体逐渐成为经济发展的动力之一。综观网红经济涉及的领域，主要包括电商平台、视频直播平台、电子竞技平台及医疗美容行业，而绝大多数的网红也已经通过接拍广告、开设网店、粉丝打赏等方式实现了变现。

比如，作为网红孵化公司如涵签约的最为成功的网红张大奕，其开设的淘宝店铺"吾欢喜的衣橱"一次次颠覆着淘宝商家的认知。2014年在如涵的帮助下，张大奕开设了淘宝店铺"吾欢喜的衣橱"；上线不到一年，其店铺就升级为四皇冠；2015年7月27日，张大奕完成了一次新品上架，第一批超过 5000 件女装在 2 秒之内就被粉丝抢购一空，所有的新品基本在 3 天内售完。

根据易观智库发布的一组数据：2015 年，中国社交服务商市场的规模为 124.6 亿元，预计 2016 年这一数字将达到 167.9 亿元。从社交服务商市场的规模发展可以看出，中国的网红经济市场的潜在规模不容忽视，在相关产业及资本的支持下，有望在短期内迎来爆发式的增长。

从本质上来看，网红经济 3.0 其实是粉丝经济的全新形式，是一种眼球经济和注意力经济。网红经济模式充分迎合了互联网新常态下用户的个性化诉求和快时尚消费心理，在前端精准感知和引导用户需求的同时，后端则快速对接和优化改善供应链系统，从而有效解决了供需失衡的痛点，实现了整体产业链的简单、高效运转，创造出巨大的商业价值。

本书不仅深刻阐述了网红经济 3.0 背后的商业模式和产业链，而且从网红变现、网红电商、网红营销等多个角度对网红经济进行了全面剖析。比如，如何运用"网红思维"做社交电商，网红电商如何利用微博平台营销，企业如何构建"网红经济"模式等。

正在迅速崛起的网红经济，打造出了多元化的盈利渠道，催生了众多新兴的产业投资机会，成为移动互联网时代的资本新风口。在自媒体的发展前景越来越势不可当的形势下，了解网红经济、学习网红思维已成为创业者和企业管理者促进企业发展的共识。

目 录

第一章 网红经济崛起：自媒体时代的新商业变局

1.1 网红经济：互联网时代的下一波商业红利 /002

1.1.1 网红经济：颠覆传统商业格局 /002

1.1.2 网红群体的诞生背景与类型划分 /006

1.1.3 网红经济 1.0：网络文学的诞生 /008

1.1.4 网红经济 2.0：网络红人的崛起 /010

1.1.5 网红经济 3.0：网红产业的成熟 /012

1.2 粉丝经济时代，我们应该如何看待网红 /018

1.2.1 现象：网红成为最大的互联网风口 /018

1.2.2 诞生：网红是如何炼成的 /020

1.2.3 模式：网红是如何盈利的 /023

1.2.4 观点：碎片化时代的必然趋势 /026

1.3 重新定义网红：具有强大"吸睛"和"吸金"能力的群体 /028

    1.3.1　网红：网络上具有超高人气的个体　/028

    1.3.2　注意力经济环境下造星模式的变化　/030

    1.3.3　互联网时代的"身份"崛起　/031

1.4 网红经济的未来：网红模式的可持续发展路径　/037

    1.4.1　网红经济催生新兴产业的投资机会　/037

    1.4.2　新风口：资本推动下的千亿蛋糕　/040

    1.4.3　如何突破可持续和规模化瓶颈　/045

    1.4.4　未来的网红经济模式将何去何从　/046

第二章　深度揭秘网红经济背后的商业模式及产业链

2.1 赢在顶层设计：网红经济产业链的运营发展路径　/050

    2.1.1　网红经济产业链中的"玩家群像"　/050

    2.1.2　各社交媒体平台的网红孵化情况　/054

    2.1.3　网红经济模式背后的三大关键能力　/056

    2.1.4　社群粉丝时代的"网红生态圈"　/060

2.2 揭秘网红商业：网红经济驱动下的商业模式变革　/064

    2.2.1　网红经济领域的三大投资机会　/064

    2.2.2　透析网红经济的八大商业模式　/068

    2.2.3　网络直播衍生出的商业模式　/072

2.3 网红孵化器：网红经济背后的流水线运作模式　/076

    2.3.1　网红孵化器：网红崛起的重要推手　/076

    2.3.2　造星计划：网红孵化器的四条运作路径　/079

2.3.3　如涵:"供应链 + 代运营 + 经纪人"模式　/ 083

2.3.4　Lin:用品牌模式运营网红店铺　/ 086

第三章　网红变现:如何打造多元化的盈利渠道

3.1　视频变现:视频直播成网红掘金的主战场　/ 092

3.1.1　视频直播时代:从秀场到造星的蜕变　/ 092

3.1.2　时尚博主在视频直播平台的获利渠道　/ 094

3.1.3　孵化器模式下,视频直播网红的修炼　/ 098

3.1.4　转型新蓝海:开启 UGC 网红视频模式　/ 100

3.2　流量变现:流量红利时代,网红模式的盈利法则　/ 103

3.2.1　社交媒体时代,网红的基本变现模式　/ 103

3.2.2　"网红 + 电商"模式背后的商业逻辑　/ 106

3.2.3　网红电商如何优化与提升供应链效率　/ 109

3.2.4　社群经济下的"网红 + 电商 + 场景"模式　/ 112

3.3　粉丝变现:激活粉丝购买力,释放网红经济能量　/ 116

3.3.1　网红多元化时代的"明星效应"　/ 116

3.3.2　网红经济时代粉丝变现的三个步骤　/ 119

3.3.3　"罗辑思维"的粉丝变现模式　/ 122

第四章　网红电商:社交红利时代的新型电商模式

4.1　淘宝网红:"网红经济 + 淘宝店铺"的运营之道　/ 126

4.1.1　网红 + 淘宝:缔造淘宝新型生态圈　/ 126

4.1.2　网红店铺"野蛮生长"背后的逻辑　/ 130

4.1.3 淘宝之变："网红+社群+电商"模式 /133

4.1.4 新经济崛起：淘宝"孕育"的网红经济 /136

4.1.5 平台社交化：借助网红带动粉丝经济 /140

4.2 社交网红：如何运用"网红思维"做社交电商 /144

4.2.1 社交红利：网红经济时代的社交电商 /144

4.2.2 网红达人：重塑传统的社交电商模式 /148

4.2.3 网红思维：基于社交平台的导流模式 /150

4.2.4 社交电商的未来："熟人+社群+网红+场景"模式 /155

4.3 微博网红：社交时代，平台与网红的互生共赢 /158

4.3.1 微博战略：构建兴趣聚合的社交电商 /158

4.3.2 平台扶持：启动微电商达人招募计划 /161

4.3.3 网红电商：微博平台盈利的重要渠道 /167

4.3.4 网红电商如何利用微博平台营销推广 /170

第五章 网红营销：社群粉丝效应下的营销"裂变"

5.1 网红营销学：颠覆传统营销模式，引爆营销新思维 /176

5.1.1 揭秘网红营销：从传播能力到商业价值 /176

5.1.2 网红营销的核心：以内容塑造人格化品牌 /180

5.1.3 网红营销背后的内容生产传播与消费机制 /183

5.1.4 引爆营销新思维：网红营销的三大发展趋势 /185

5.2 网红品牌化：网红如何宣传和推广自己的品牌 /188

5.2.1 品牌化变革：从卖货到卖品牌的蜕变 /188

5.2.2 网红+品牌商：网红效应下的掘金机会 /190

5.2.3 网红3.0时代，如何打造与推广自身品牌 /193

第六章 网红 + 企业：企业如何打造自己的"网红经济"

6.1 社群经济时代，企业如何构建"网红经济"模式 / 198
- 6.1.1 社群经济时代：一个新商业的构建 / 198
- 6.1.2 移动社交时代的"企业 + 电商网红"模式 / 200
- 6.1.3 借助"网红思维"，开启微网红创业模式 / 202

6.2 网红 + 品牌：传统品牌如何搭上"网红经济"快车 / 204
- 6.2.1 品牌新打法：企业品牌如何与网红对接 / 204
- 6.2.2 品牌突围战："社群平台 + 品牌红人"模式 / 206
- 6.2.3 网红 + 服装品牌：传统服装企业的销售革命 / 207
- 6.2.4 网红 + 化妆品品牌：引爆化妆品品牌的口碑效应 / 211
- 6.2.5 美宝莲：利用网红围观效应，放大垂直网红价值 / 213

第七章 超级 IP：如何像打造产品一样打造网红

7.1 "网红经济"迅速崛起的原因 / 218
- 7.1.1 环境因素：社交媒体环境的快速迭代 / 218
- 7.1.2 需求因素：个性化、小众化圈层出现 / 219

7.2 网红的自我修养：如何成为一名超级网红 / 221
- 7.2.1 传播内容：精准定位，打造极致产品 / 221
- 7.2.2 目标对象：群体定位，实现粉丝聚焦 / 222
- 7.2.3 传播路径：内容分发，吸引更多关注 / 224

7.3 个人 IP：视频直播时代的网红成长之路 / 228
- 7.3.1 直播：个人影响力变现的最佳渠道 / 228
- 7.3.2 主播：低门槛下的个人 IP 化 / 232
- 7.3.3 变现：全新内容生产方式的必然结果 / 235

第一章

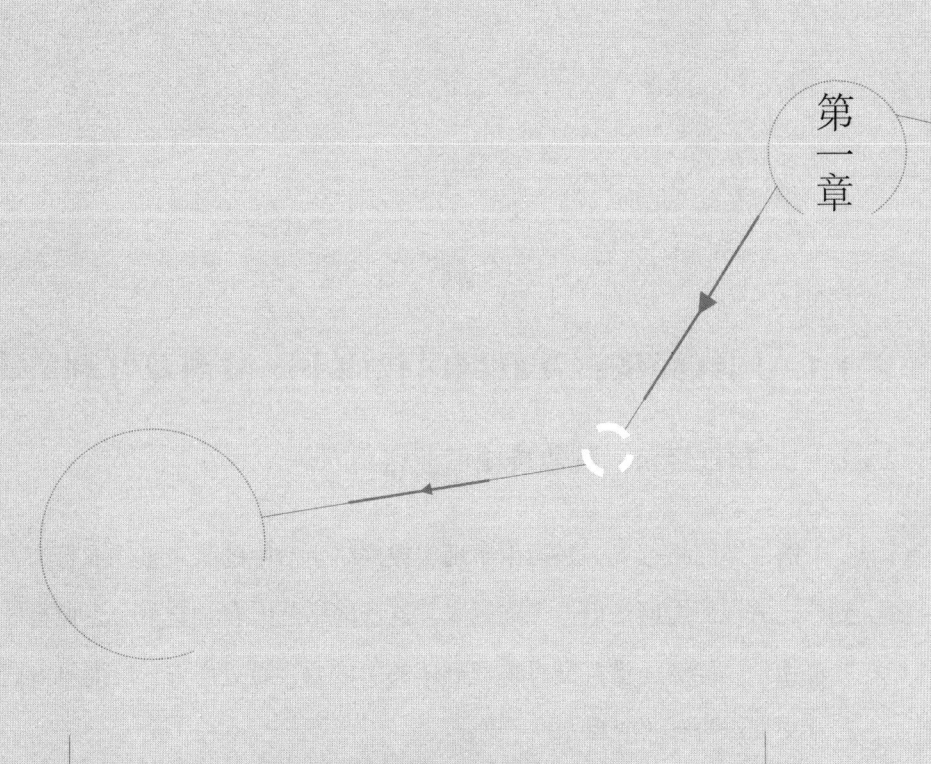

网红经济崛起：
自媒体时代的新商业变局

1.1 网红经济：互联网时代的下一波商业红利

1.1.1 网红经济：颠覆传统商业格局

网红即网络红人，是指由于现实或网络生活中的某个事件或行为，受到广泛关注而在网络世界走红的人。这些网络红人在社交平台上拥有一批社群粉丝，能够凭借自身对粉丝群体的影响力，通过广告、电商等方式进行社交资产的有效变现。

"网红经济"一词由阿里巴巴CEO张勇提出，如今已成为一个备受关注的概念和现象。"网红经济"是互联网对供求两端的裂变重塑，是借助因互联网病毒式传播而受到广泛关注的网红，以全新的方式使产业价值链中的设计商、制造商、销售者、服务者与消费者高效对接，以此来获取巨大的商业价值。

当前，淘宝平台上拥有数百位网红，其粉丝总量超过5000万。通过社交自媒体，网红在特定领域（服装、化妆品等）快速引领时尚风潮，然后将获得粉丝认可和青睐的时尚新品在淘宝上进行预售、定制，再高效对接淘宝商家的强大生产链，从而形成一种具有敏锐感知和快速反应能力的创新性商业模式。

在网络上获得广泛关注、善于自我营销的美女是网红最主要和最常见的形式。不过，网红的范围却不止于此。游戏、动漫、美食、旅游、教育、摄影等各类垂直领域的网络意见领袖或行业达人，他们在各自的圈子里都拥有一批拥趸者，因此也是各自领域中的网红。

从本质上来看，网红经济其实是粉丝经济的全新形式，是一种眼球经济和注意力经济。网红经济模式充分迎合了互联网新常态下用户的个性化诉求和快时尚消费心理，在前端精准感知和引导用户需求的同时，后端则快速对接和优化改善供应链系统，从而有效解决供需失衡的痛点，实现了整体产业链的简单、高效运转，创造出巨大的商业价值。

（1）"网红"升级为经济现象，形成产业链精准营销

在用户获取成本逐渐增加的情况下，网红在2015年异军突起。因其具有平民化、廉价、精准营销等特点，并展示出巨大的商业价值，受到越来越多的关注和青睐。

一方面，作为意见领袖的网红，能够凭借在特定领域的专业性、权威性，有效引导粉丝群体的消费需求和产品选择，实现更加精准高效的流量变现；另一方面，网红拥有一定量的粉丝群体，因此能够基于自身的影响力在社交自媒体上帮助商家进行快速、成本低廉的营销推广。

另外，虽然社交新媒体也能够帮助商家低成本、快速地获取用户，但却没有网红独特的买手制购物模式。这种买手制购物模式能够极大地提升市场营销的精准度，实现流量的快速变现，并优化重塑垂直电商的产业链流程和运作模式。

具体来看，就是网红充分发挥在专业领域的引导力，敏锐感知和把握快速变化的时尚潮流，通过自我的形象设计、展示将符合时尚品位的产品推荐给粉丝，引导粉丝的消费偏好和产品选择，从而降低消费者面对复杂多样商品时的选择难度，实现产业链的精准营销，缓解了以往库存压力大、

资金周转慢等运营痛点。

（2）网红经济实现低成本营销新渠道

传统B2C电商的中心平台模式，不仅获取用户的成本逐渐攀升，而且搜索品类的繁杂也降低了消费者的购物体验，甚至很多用户在面对琳琅满目的商品时感觉"无从下手"。在此背景下，网红却能够借助社交平台上的庞大流量和信息的病毒式传播，帮助商家实现精准营销，并构建出一种低廉的用户获取与产品营销渠道，实现电商交易场所的转移。

在"互联网+"时代的经济新常态下，社交化转型是电商发展的必然趋势，而网红经济模式是社交资产变现的有效方式，能够充分挖掘出社交化媒介平台的电商价值。

（3）网红经济优化现有运营模式

网红经济低廉、快速、精准的用户获取能力，大大优化、完善了现有的运营模式。

一方面，网红经济降低了线下实体店的运营成本。传统直营实体门店的运营包括租赁店铺、雇用店员、推广品牌或产品以及店铺的日常维护等内容，由此带来了租金、佣金、广告费等各种开支，并且随着店铺规模和数量的扩张，这些费用也会不断地攀升。

另一方面，网红经济也提升了线上B2C电商模式的运营效率。在电商发展之初，淘宝、天猫等中心平台是商家获取流量、进行品牌推广的最重要渠道，并由此推动了B2C电商模式的快速崛起。然而，随着互联网消费市场日益成熟，阿里巴巴集团开始对其积累的海量平台流量进行变现，淘宝、天猫等平台对商家收取的费用不断增加。

根据阿里巴巴发布的年度报表，从2012年到2015年，阿里巴巴集团的广告服务收入在平台GMV（Gross Merchandise Volume，指一段时间内的成交总额）中的占比由1.2%快速上升到2.4%。因此，各品牌商亟须找到更低廉的新引流方式来代替成本不断攀升的中心平台模式。下面我们来梳理一下网红经济的发展历程（如图1-1所示）。

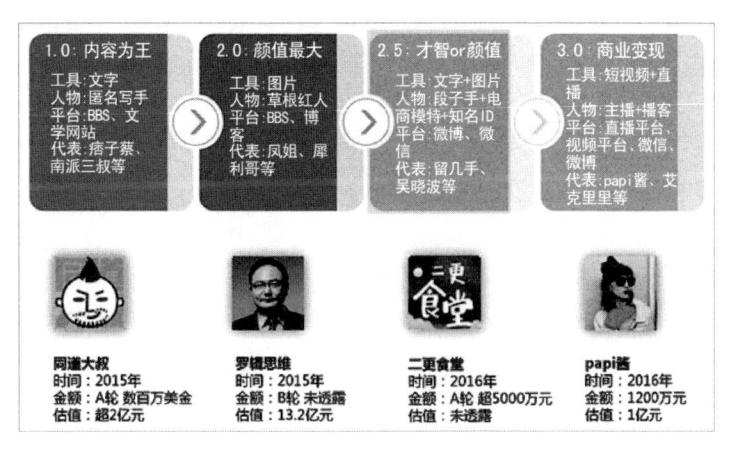

图1-1　网红经济的发展历程

网红的快速兴起为品牌商获取流量、优化运营提供了新的解决方案。网红在社交平台上有大量关注者和专业领域内的影响力，这使消费者更容易关注、信任和青睐他们所推荐的产品，从而有效触发用户的购买意愿，帮助商家更好地实现流量变现。

（4）互联网购物的去中心化趋势

从本质上来看，网红经济其实是商品在社会化媒介平台上的一种新型营销模式，体现了新常态下互联网购物的去中心化趋势。

网红经济是利用粉丝群体对网红的追随和信任，将产品或品牌合理融入网红的生活与形象展示中，通过网红有效引导粉丝的购买行为和选择，达到产品推广和变现的目的。因此，社交平台中的内容输出、产品设计、网红社交账户的运营维护、供应链管理等要素，对网红经济的运营有着重要影响。

与传统的中心化电商平台的模式不同，网红经济是借助网红社交账户导入流量，通过"吸引—信任—购买"完成社交资产变现。由此，移动社交电商将逐渐成为线上交易的主要场所，网红社交电商的去中心化购物模式将逐步代替以淘宝、天猫为代表的 B2C 中心化平台式的搜索交易模式。

（5）知识入口是第四代交易入口

备受人们关注和追捧的网红，既是未来的新媒体，又将逐渐发展成最重要的引流和交易入口。特别是随着网红经济的发展成熟，网红已超出了单纯的网络美女等狭义概念，任何在垂直领域内拥有专业影响力并聚合起足量粉丝群体的人，都可以归于网红的范畴。

"罗辑思维"的创始人罗振宇，就属于广义上的网红，他通过图书、自媒体产品等从粉丝手中获得的巨额收益，体现出网红经济巨大的商业变现能力。

罗振宇根据相关要素在商业价值链上的稀缺性，区分出了四代交易入口。比如，以往由于用户获取和消费变现能力的稀缺，电商主要是在流量入口和变现入口上发力；现在，以人（网红）作为入口的第三代交易入口形态正逐步成形。这是在原有交易入口用户获取成本增加、广告变现能力下降的背景下产生的，是一种更为低廉、快速的用户获取与变现路径。

同时，伴随着自媒体的诞生而快速崛起的网红经济，在度过了自媒体流量红利期后，必然会进入更加注重本质内容价值的时期。即网红经济形态在经过最初的野蛮式扩张后，最终还是要落脚到对自媒体内容和知识产品的打造上来。因为很多粉丝关注网红更多的是因为内容，是对网红消费观、价值观的认同，而非商品。由此，知识入口将成为第四代交易入口。

1.1.2 网红群体的诞生背景与类型划分

（1）网红的诞生背景

有些人会借助热点新闻事件让自己成为广受关注的网红。不过，由于没有系统性、专业性的运营维护和支持，这些网红受到的关注往往无法长久维持，很快就会被更新、更吸引眼球的信息和话题所淹没。

因此，真正具有商业价值的成熟网红，其背后必然有一系列强力有效的包装与运营维护体系在支撑。这种自我包装和对社交账户的有效运营维护，使网红能够始终黏住粉丝的眼球，并与他们进行深度互动，从而为社交变现奠定坚实的基础。

网红在2015年突然爆发，是与国内移动互联网的深化发展密不可分的。2015年第三季度的数据显示，移动端电商的占比达到56.7%，已经超过PC端。移动端的发展使网民进一步细分，任何具有某种特长或专业技能的人都可以通过社交自媒体聚合起一批粉丝，成为该细分人群的代表。

移动端的发展推动了网红的大规模爆发。另外，网红与明星有所不同，一方面，其影响力局限于垂直细分领域，而不像很多明星那样在各个领域都拥有粉丝群体；另一方面，网红更注重与粉丝群体持久、深度的互动。

（1）网红群体的类型划分

① 按照平台类型划分

根据网红形成和运营维护的平台，可以将网红群体分为以下3种类型：

微博网红：主要是微博大V聚合起众多粉丝，从而成为网红。微博已成为当前最常见也是最主要的网红孵化平台。

视频网红：即通过上传展示自我形象和特质的视频，使自己受到关注和追捧，从而成为网红，小咖秀、秒拍等是视频网红的主要平台。

直播网红：即通过斗鱼、战旗、虎牙等直播平台与粉丝进行实时互动而成为网红。

② 按照传播内容划分

专家类网红通过大量的网络授课，形成了在某个专业领域的影响力和知名度，并聚合起一批拥趸者；一些明星或者在某个领域已有一定影响力的人转战互联网，将原有粉丝引流到网络平台，成为明星网红；一些拥有美丽容颜和较好身材的模特或美女，帮助电商卖家拍照，然后将商品融入自我展示中，既帮助商家营销，又逐渐积累了自身人气，从而成为美女网红。此外，在其他诸多领域也有受到大量粉丝关注的网红。

③ 按照粉丝数量划分

主要分为：粉丝数量低于 10 万的网红、粉丝在 10～50 万之间的网红、超过 50 万粉丝的网红和百万以上粉丝的网红 4 类。

根据相关研究，在多数行业里，粉丝数量不超过 10 万的网红有接近 70% 是假网红；粉丝数量在 10～50 万之间的属于成长型网红；拥有超过 50 万粉丝的网红才能算是小有名气，并具有一定的变现能力；而粉丝过百万的网红就是明星级别的大网红了，具有极大的商业变现潜力，是网红经济模式的主要入口。

1.1.3 网红经济1.0：网络文学的诞生

1994 年 4 月 20 日，我国通过一条 64K 专线全功能接入国际互联网，由此开启了互联网时代。2016 年 1 月 22 日，中国互联网络信息中心（CNNIC）发布了第 37 次《全国互联网发展统计报告》。数据显示，到 2015 年 12 月，我国网民规模已达 6.88 亿，互联网普及率为 50.3%，这意味着我国有过半的居民已经成为网民。

互联网的爆炸式发展，推动了"网络红人"这一全新群体的产生和快速崛起。从整体历程上来看，网络红人伴随着互联网的发展经历了不同的阶段，而且每个阶段都有不同的成名方式和商业变现模式（如图 1-2 所示）。

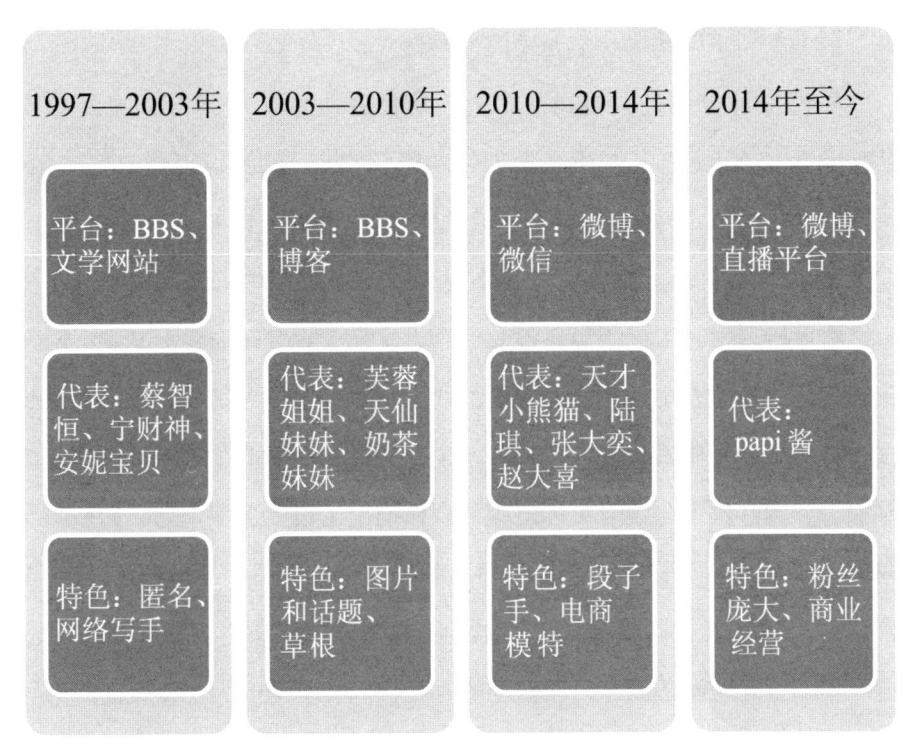

1997—2003年	2003—2010年	2010—2014年	2014年至今
平台：BBS、文学网站	平台：BBS、博客	平台：微博、微信	平台：微博、直播平台
代表：蔡智恒、宁财神、安妮宝贝	代表：芙蓉姐姐、天仙妹妹、奶茶妹妹	代表：天才小熊猫、陆琪、张大奕、赵大喜	代表：papi酱
特色：匿名、网络写手	特色：图片和话题、草根	特色：段子手、电商模特	特色：粉丝庞大、商业经营

图1-2 网络红人进化史

在互联网还处于几KB级别网速的阶段，网民的信息获取渠道主要是文字。在这种大背景下，网红的成名与成长路径也只能依靠文字。1999年，痞子蔡（蔡智恒）的《第一次亲密接触》被内地各大网站疯狂转载，成为第一部网络畅销小说，揭开了国内网络文学时代的序幕。

在《第一次亲密接触》被疯狂转载的那段时间，几乎所有少女的QQ头像都变成了长发，"轻舞飞扬"也成为使用最多的昵称；大学中的很多男生、女生更是在BBS论坛上不断模仿小说中的主人公。由此，蔡智恒成为当时国内当之无愧的网红，其2000年在北京西单图书大厦举行签售活动时，场面火爆，为防止引起治安混乱，保安最后只好把他架走。

在痞子蔡的影响下，从事网络文学创作的人不断涌现。而这一过程的最重要见证者，是美籍华人朱威廉于1997年创办、如今归属于盛大文学旗下的"榕树下"华语文学互动门户网站。

安妮宝贝曾做过"榕树下"的内容制作主管。1998年，励婕以安妮宝贝为笔名，走上了网络文学创作之路。同年，借助《告别薇安》《七年》《七月和安生》，安妮宝贝收获了众多粉丝，成为极具人气的文学网红。之后她在网上发表了大量中短篇小说，收获了更多的人气和粉丝。

在此阶段，各大出版商还没有像今天这样大规模布局线上文学，网红的商业运作模式基本一致，即在网络社区积累一定的人气和粉丝后，依照线下传统行业规则进行商业变现。特别是通过"榕树下"这一平台的连接和撮合，网红作家与线下实体出版社合作推出了很多文学作品，如慕容雪村的《成都，今夜请将我遗忘》、蔡智恒的《洛神红茶》、安妮宝贝的《告别薇安》、林长治的《沙僧日记》、今何在的《若星汉天空》等。

在那个互联网还没有全面普及的时代，以文学网红为主要表征的网红1.0时代，算得上是一个"纯情时代"。网络文学创作者多是依靠自己的才情和文笔吸引粉丝，成为文学网红。而他们的商业变现模式也比较单一，即成为传统作家或者做其他类型的文字工作者。正如当时网络文学"三驾马车"之一的邢育森所说，那是"一段快乐和自由的时光"。

1.1.4　网红经济2.0：网络红人的崛起

进入21世纪，互联网技术取得突破性进展，网速的提高、互联网在社会更大范围的普及，将人们带入了一个图文信息时代。网红的成长之路也由以往实打实的依靠才华，转变为依靠吸引眼球的图片和话题炒作。这使大众对网红的认知从欣赏、赞美转变为低俗、恶搞，猫扑等大型图文网络互动社区成为网红炒作的主要场地。

2003年，还在读初二的钱志君因一张斜视脸照片在网上疯传，并被不断恶搞而迅速走红，自此，网民恶搞创造的时代开始。钱志君因他那张被PS到各个电影海报中的斜视脸被网友称作"网络小胖"，成为互联网图片信息时代的网红。不过，与此后的网红相比，钱志君的出名并非出自他的主动意愿，属于"被走红"。

因此，成为网红后的钱志君，大多数时候依然过着原来的生活。他偶尔会被人邀请参加商业活动，但并没有刻意签约经纪公司或寻求团队进行持续深度的炒作和商业推广，自然也没有获得更多的网红经济价值。

与网络小胖不同，将网红2.0时代推向高潮的芙蓉姐姐，则是积极进行各种商业炒作和自我营销推广，并拥有专门的网络运作团队。2004年，史恒侠在水木清华、北大未名和猫扑社区等大型贴吧中上传了自己的照片，引起网民"围观"，自此走上了网红之路。由于她在水木清华发帖时用了"清水出芙蓉，天然去雕饰"的标题，因此被网友称为"芙蓉姐姐"。

小有名气后，芙蓉姐姐通过专业网络营销团队不断炒作，最终使自己的知名度从单一的网络社区延伸到整个网络媒体甚至娱乐圈，并由此获得了巨大的商业利益。比如，其商业活动出场费达到20万元，有一个10人的专业运营团队，同时还成立了北京芙蓉天下国际文化传媒公司，主要负责网红策划和推广炒作。

除了芙蓉姐姐，"凤姐"也是网红2.0时代最具代表性的网红。2009年10月下旬，罗玉凤在上海陆家嘴地铁站散发征婚传单。这本不是什么值得特别关注的事情，但是传单中故意罗列的一些"哗众取宠"的征婚条件，却成功地引起了人们的广泛关注和热议，如"必须为北大或清华硕士毕业生，在外参加工作后再回校读书者免"等条件。这让广大网友对"凤姐"其人有了浓厚的探知欲望。

此后，凤姐又在电视及网络媒体采访中频频发表"惊人"话语，成功引爆了网络话题（虽然这种网络话题和讨论对其而言不一定是正面的），从而使自己拥有了极高的知名度和话题性。如"我9岁博览群书，20岁达到顶峰。我现在都是看社会人文类的书，例如《知音》《故事会》……往前推300年，往后推300年，总共600年没有人超过我"等语句。

另外，凤姐这种哗众取宠式的成名方式，也让人们关注到她背后的网络运作团队。正如凤姐成名的网络推手孙建业所说，是凤姐找到他们团队表达了想成为网红的愿望，之后他们才为其策划出通过高调、"奇葩"的征婚来博取眼球的点子，并雇用了大量"水军"在网络上发帖造势，从而成功将凤姐打造成为最火的网红。而在与凤姐合作的一个月中，该团队的收益有30万元左右。

互联网通讯可视化时代的到来，使网红更容易通过具有视觉冲击的图片、视频等吸引网民的关注，再借助专业化的炒作推广，成名之路变得更加平坦。因此，相对于网红经济1.0的"纯情时代"，2.0时代的网红经济市场更加成熟，形成了"话题炒作—造势推广—商业变现"完整的造星生态链，行业规则、网络运营团队等也都发展完善。

这是一个网红不断涌现和快速崛起的阶段。据统计，这一时期国内大红有1000家网络营销公司，网红产业生态链的参与人数至少有10万；同时，2.0时代网红的变现方式也从之前通过出版作品获利，转变为更加直接、快速的商演和代言。

1.1.5 网红经济3.0：网红产业的成熟

随着越来越多的网络营销公司、网络推手等力量参与进来，网红产业日益成熟完善，网红的门槛也变得越来越低。各种类型网红的不断涌现和多元化的变现渠道，推动着网红经济进入产业化发展的3.0时代。在这一阶段，网红从借助哗众取宠、博人眼球成名，转变为依靠特定专业技能赢得网友的认同和追随,从页成为垂直细分领域的网络红人。

从网红整个产业链来看,当前已经形成了上中下游各环节有序协同配合、包产销一体化的网红经济运作模式。上游是指有网红需要的个人、企业或组织,中游指专业化的网络炒作营销公司和网络推手,下游则是大量的网络水军、网络打手。

在淘宝上搜索关键词"网络推广",即可获取众多面向网红的服务提供者。有的卖家会收取固定额度的基本服务费,当然也可以重新签约议价获取更多的服务(如图1-3所示)。

图1-3　关键词"网络推广"的淘宝网搜索页面

同时,微博成为孵化培育网红的最重要平台,而网红们的变现路径也早已超出了 2.0 时代的商演、代言模式。以 2014 年在旅游领域备受关注的猫力 molly 为例（如图 1-4 所示）。

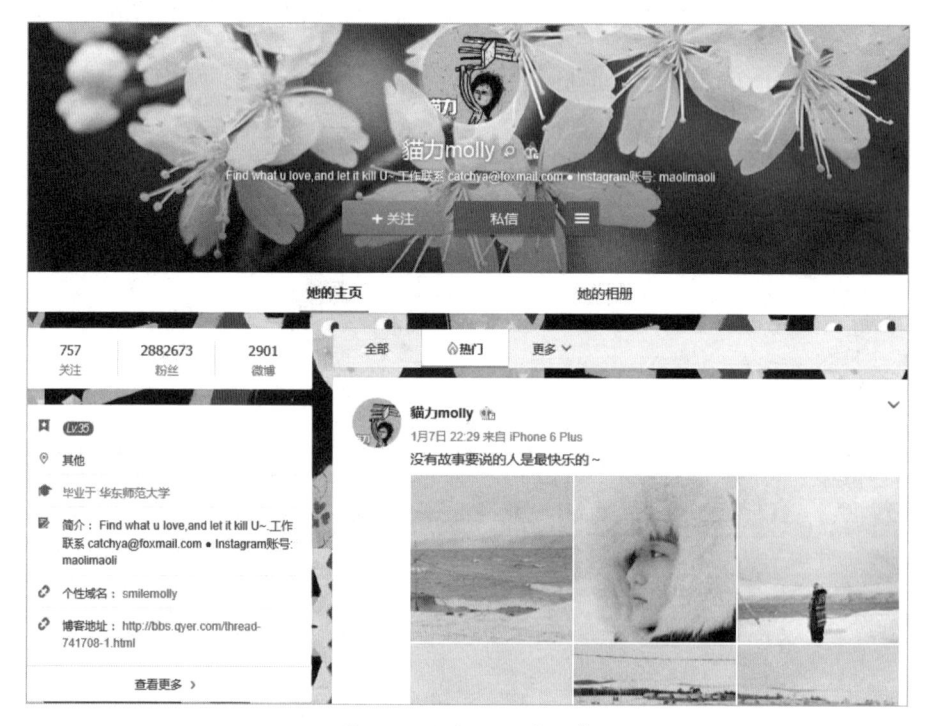

图1-4　猫力molly的微博

猫力 molly 真名王子川，最初是因为常在穷游网上发帖子和游记被很多喜欢旅游的网友所熟知。此后，猫力 molly 转战拥有更多受众、影响更广的微博平台，经常分享各种旅游照片和旅行文章，从而引起广泛"围观"和转发，迅速成为旅游网红，其微博粉丝数达到了 200 多万。同时，很多大品牌也帮助猫力 molly 拍摄旅游照片或提供其他服务，将其打造成穷游典范，而猫力 molly 则通过在微博上为各大品牌进行植入式营销推广获取收益。

在微博平台成名上的网红还有很多，如"留几手"、"回忆专用小马甲"、

"作家崔成浩"等。这些网红借助微博病毒式的信息传播和深度交互的沟通功能，积累了大量人气和粉丝，迈出了网红之路的第一步。

除了微博，各类直播平台也逐渐成为网红孵化和变现的新场域。以欢聚时代公司旗下的YY直播平台为例，该平台中的女主播通过直播才艺表演吸引感兴趣的用户，并诱导他们在平台上消费。

女主播的薪水主要取决于她们能够聚合的观看人数以及用户的消费情况。例如，在2014年的YY百度年度盛会上，有用户一晚上的消费达到了1000万元。另外，直播平台与淘宝的结合，为直播类网红提供了新的变现渠道。比如，YY主播网红董小飒2014年5月开设的淘宝店铺，在粉丝的大力支持下，仅用了一年时间就发展成拥有3个金皇冠的店铺，月收入超过6位数，向人们展现了新一代网红巨大的价值创造能力。

与图文2.0时代相比，宽频3.0时代的网红市场更加灵活、成熟，网红现象基本覆盖到各类平台和垂直领域。随着互联网对社会各方面的深入、广泛的渗透，网红能更简单快捷地引爆话题、吸引关注。同时，网红的变现手段也更加多元化、新颖化，构建了比较成熟的商业变现逻辑和路径，也获得了更多的经济价值。

与国内拥有巨大商业价值并日益展现出强劲发展势头的网红相比，国外的网红虽然缺少刻意的商业化炒作，但他们的影响范围和变现能力却一点儿不差。全球社交巨头Facebook旗下的Instagram就是国外网红孵化、成长和自我展示的主要阵地。

健身美女Michelle Lewin在Instagram上拥有的粉丝数量达到了450万，是当之无愧的网络红人。Michelle Lewin的本职工作是模特，在Instagram上的走红不仅为她带来了更多的工作机会，也使其能够在多种健身杂志上分享心得，获取额外收益。

Ladybeard凭借独特的异装成为亚洲御宅文化圈子里的著名网红（如图1-5所示）。Ladybeard练习过摔跤，一次偶然穿着异装受到广泛关注和好评后，在香港正式以女装出道，并以女装进行各种重金属音乐和职业摔跤活动，给人们带来了极大的视觉冲击，吸引了众多眼球。2011年，Ladybeard到日本发展，他依靠网红时期的高人气进入娱乐圈，并与两名日本少女一起组成偶像组合Lady Baby。

图1-5　Ladybeard

相较而言，国外的网红并没有形成像国内这样的产业生态链，他们的成名更多的是源于其在个人喜好的领域做出了令人瞩目的成绩，因此显得更加随性，很少进行专业化、企业化的社交运营和粉丝变现。

1.2 粉丝经济时代，我们应该如何看待网红

1.2.1 现象：网红成为最大的互联网风口

从"国民老公"王思聪到一个个草根主播，"网红"已经成为互联网世界中最能吸引眼球和话题的一个群体。同时，网红经济的全面爆发让人们看到了其巨大的商业潜力，网红已经成为2016年最大的互联网风口。

很多网红的成名与人们的"猎奇心理"密不可分。从芙蓉姐姐、犀利哥、凤姐、庞麦郎，到今天火爆的"papi酱"，这些网红以荒诞、滑稽的方式对现实主流价值和心理发起"冲锋"，迎合了人们的猎奇心理和深层次的"反叛"意识，引起"围观"，从而"一夜成名"。在这个意义上，网红的火爆是网红本人借助互联网的病毒式传播和放大倍增效应，与广大网民"共谋"的结果。

依靠"自毁自黑"而成名于微博平台的网红艾克里里，便是借着恶搞和混搭式的化妆效果吸引了大量网友的围观讨论，其"霓虹灯一样闪烁的夜店女王装教程"，就是一种撒娇、卖萌的谐星路线。

当然，网红并不都是博人眼球的"哗众取宠"之人，也有很多拥有"真材实料"的网红。

拥有 700 多万微博粉丝的"谷大白话"，就是凭借超强的英语听译能力吸引了众多粉丝。他经常把美国深夜脱口秀的节目内容翻译后发布到微博上，引发众多网友的围观和转载。而其深厚的美国文化知识背景和"刨根究底"的死磕精神，也确实帮助了不少网友学习英语（如图 1-6 所示）。

图 1-6 谷大白话的微博

网红现象已经渗透到社会生活的各个行业和领域，网红不再仅仅是"锥子脸"的网络美女，在旅游、美食、摄影、游戏等各个领域能够聚合起一批追随者的"人气高手"，都可称为各自领域里的网红。

以恋爱中的12星座为吐槽对象的"同道大叔",就吸引了众多少男少女的关注;"回忆专用小马甲"则通过《狗,你好,你家缺猫吗?》这种日记形式的微博内容,吸引和感动了众多网友,成为网络红人。

从最初的BBS贴吧、论坛,到更具影响力的微博、微信、直播、视频等多种形式共存,网红的门槛越来越低,网红成名的路径也更加多元化。同时,多种渠道的交叉融合,不仅使网红更容易引爆话题,获得更高的人气与知名度,也使他们更容易实现粉丝变现。例如,知名网络游戏主播董小飒2016年元宵节期间在虎牙直播吃饭,短短半小时就吸引到50万人围观。

数据显示,到2015年底,我国网红规模已过百万,与一个地级市的人口数量相当,网红类型和覆盖范围涉及各个领域,展现出巨大的商业潜力。因此,说网红将成为2016年最大的互联网风口,并非空穴来风。

1.2.2 诞生:网红是如何炼成的

2016年伊始,papi酱的爆红引发了人们对网红现象的更多关注和思考。papi酱是通过拍摄短视频在微博等自媒体平台上分享,吸引了网友的围观和热捧,从而迅速走红的。从大背景来看,这首先得益于移动互联网和智能终端的发展和普及,多终端的新媒体不断涌现,秒拍成为美图秀秀之后广大网民的"新宠"。而papi酱的短视频其实是秒拍的一种创新形式,充分满足了移动碎片化场景下人们对短小、快速娱乐内容的诉求。

短视频类似于传统文学中的微型小说,一方面可以被视为一种更加鲜活生动的网络段子,容易获得广大网友的青睐;另一方面,虽然短视频形式大大降低了拍片门槛,让更多的普通人参与进来,但能够像papi酱这样借助短视频积累巨量人气和粉丝的人却不多,这就涉及papi酱迅速蹿红的个体性原因。

有句话形象阐释了移动互联网扁平化时代的"成名"真谛："你只要崛起一个小米粒的高度，你就是珠穆朗玛峰。"简单来说，就是移动互联网的发展降低了很多领域的专业门槛，让很多没有受过专业培训的草根也能参与进来。只是，在人人皆可参与的情况下，真正能够成功的往往是那些"比上不足、比下有余"的人和作品。

papi酱之所以能在短视频领域成功突围，很大程度上得益于其中戏导演专业的学习背景。这使她比非专业出身的人更懂得如何进行选题设计和视频内容的制作、剪辑，因此能够有效抓住社会生活中的热点话题，满足众多网民的诉求。如其对追星族心态的演绎、春节回家时如何应对亲友等视频，都获得了大众的认同和青睐（如图1-7所示）。

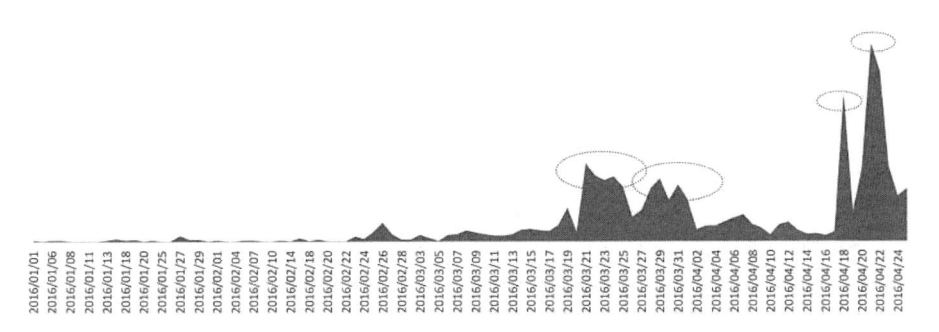

图1-7　papi酱相关公众号文章发文日期分布

此外，独具特色的叙事方式和风格也是papi酱成功的重要原因。她不是采用宏大的叙事方式，而是精准把握了女性的话语特点和思维方式，从小处切入，这比完全草根性的叙事方式更容易黏住人们的目光。比如她对拜金女哭诉的演绎、对茶水间女性之间热聊八卦的展示等，都准确击中了大众的心理痛点，自然也就引起了广泛关注和讨论。

从另一个角度来看，papi酱的成功还因为：国人内敛的性格决定了多数人并不善于面对镜头和聚光灯表现自我，而papi酱的专业背景却让她能够很好地进行出位表演，能够与镜头和聚光灯产生化学反应，从而借助极具吸引力的"魅力表达"，赢得大众的认可和青睐（如图1-8所示）。

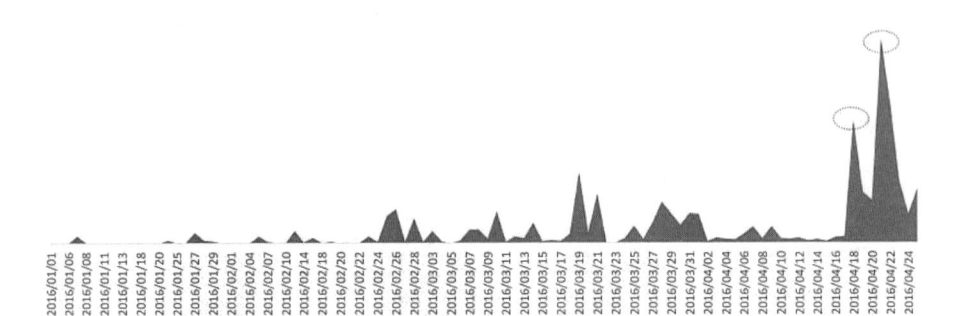

图1-8　papi酱相关公众号文章阅读总量分布

其实，网红作为一种卡里斯玛型人物，"魅力表达"是其必备的"技能"，是其展现与众不同的个人特质、吸引粉丝追随的必要条件。

网红"咪蒙"就是通过博人眼球的"魅力表达"吸引到众多粉丝的。作为文学硕士和媒体编辑的"咪蒙"，在韩寒创办的杂志《独唱团》首期中发表文章《好疼的金圣叹》，引起了人们的关注；之后又趁势推出了《想和庄子聊聊艳照门》《听墨子讲讲小孔成像》等文章，借此迅速走红。

从量化的角度来看，网红的一个衡量标准是"10万+"，即无论是通过视频还是文字形式表达自我，这些作品的点击量应该迅速积累到"10万+"。这方面最成功的"网红"，非头条号的作者"脑洞历史观"莫属了，他曾在半年时间就获得了3.6亿的点击量。

后来"脑洞历史观"在"我是如何用半年时间，做出了'3600篇10万+'"一文中，对移动互联网时代的自媒体表达特点和规律进行了总结，认为公众号青睐于"心灵鸡汤"，而头条号更偏爱"讲故事"。

1.2.3 模式：网红是如何盈利的

网红展现出的价值创造力常常令人"震惊"：一条上万元的微博广告、千万元级别的风投、年销售额过亿元的淘宝网店等。这些令他人"羡慕嫉妒恨"的情况在网红中并不少见。

从整体来看，网红的粉丝变现方式主要包括打赏、开网店和接广告3种（如图1-9所示）。

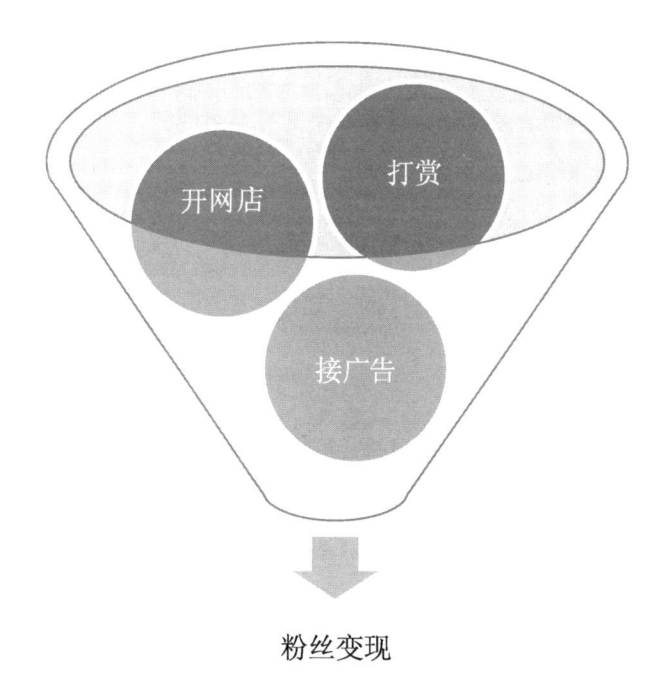

图1-9 网红粉丝变现的3种模式

粉丝打赏是网红创收的最基本方式，也是很多网红的主要变现方式。微博、微信、秒拍、斗鱼等越来越多的平台，都逐步开通了打赏功能。

当前最火爆的papi酱，她目前最重要的营收方式也是粉丝打赏。比如她的"没有钱怎么追星"的视频，在其微信公众号就获得超过2000粉丝的打赏，即便按打赏的最低金额1元来算，papi酱的这条推送也直接带来了 2000 多元的收益（如图 1-10 所示）。

图 1-10　papi酱微信公众号

当然，这只是最保守估计，其实际收益应该远超此数，因为她的很多粉丝经济条件都相当不错。例如，2015 年三八妇女节期间，一位韩国女主播杨汉娜推送的跳舞直播获得了 40 多万元的打赏，原因是她的粉丝中有王思聪。

网红营收的另一个重要途径是开网店，"十个网红、九个开店"便是最真实的写照。实际上，那些拥有几十万过百万粉丝的网红，他们的微博上都会有淘宝店铺的链接，经营的品类则主要是衣服、化妆品和食品。而且，在大量粉丝的支持下，网红店铺常常能够做出令人瞩目的业绩。

淘宝女装类店铺中，月销售额过百万元的网红店铺差不多有1000个；一些网红店铺推出的新品服装，往往几天时间就能完成线下实体店一年的销售量；2015年"双11"期间，天猫女装店铺销售前10名中，网红店铺占了一半，著名网红张大奕更是获得了6000万元营销收入。

随着网红经济的快速崛起和发展成熟，网红运营越来越专业化、企业化，很多商家"蠢蠢欲动"，希望借助网红海量的粉丝群体实现品牌的塑造、推广。因此，广告也就成为网红创收的一种方式。

以著名微博网红"回忆专用小马甲"为例。小马甲时常在微博上分享日常生活和宠物的成长经历，引起很多网友的情感共鸣，由此成为网红，粉丝数量有2500多万。海量的粉丝群体自然蕴藏着巨大的商机。"回忆专用小马甲"在签约了一家公司后，刚开始只是偶尔发一下广告，近两年在微博营销浪潮的裹挟下，发的广告越来越多，其转发一条微博广告的费用常常过万元。

虽然粉丝对此有质疑，但是一旦网红进行了公司化、商业化运作，那么网红本人在很多时候也就成了一个品牌和符号，只能顺应商业化的逐利本性，毕竟金钱的诱惑是如此巨大，而网红本人显然也希望实现更多的粉丝变现。

1.2.4 观点：碎片化时代的必然趋势

网红是随着互联网特别是移动互联网的发展迅速崛起的一种新生力量。互联网自由、开放、平等的特质为网红提供了制作方便、成本低廉、传播快速、覆盖广泛的自我展示与创造空间。特别是在今天的碎片化时代，网红制作的不同于电影、电视等"大制作"的即兴式短节目，反而更加符合碎片化、移动化生活场景的需求，并借助浓厚的生活气息激发起人们的情感共鸣，获得人们的关注和认可。

网红借助开放、自由的互联网平台，通过"魅力表达"充分展现自身，吸引了一批拥趸者。他们既与日常社会生活紧密相连，有时也会对社会现象进行针砭评判，表现出自身的责任感和勇气。

从整体上来看，网红是极具草根气息的一个群体，他们有着不同于"高大上"的精英群体、庙堂文化的表达方式与文化特质，能够准确把握大众的"痛点"和"兴奋点"，自然也就更容易赢得普通大众的认可和青睐。

不过，这种特质也决定了多数网红很难长久地"红"下去。因为大众的视线、兴趣和关注点是最容易转移的，网红为了迎合人们碎片化、即时性的需求，创造的内容大多是短、平、快的"快餐"，很难成为"主食"。而且为了保证"快餐"的供给效率，网红必须不断自我压榨，因此很容易"黔驴技穷"。

具体来看，网红是借助于取悦大众，迎合人们快节奏、即时性的内容需求而受到人们的追捧，并在互联网的倍增效应下快速成名的。很多网红的自我呈现或作品都是哗众取宠的粗制滥造，没有文化沉淀，很难获得持续的生命力。

从这个意义上来说，网红更像是平民狂欢下"喧嚣的泡沫"，看似绚烂无比却很容易破灭。因此，网红若想长久"红"下去，还是要回归到最本真的内容沉淀上来，不断学习，努力提升文化素养，创造出更具文化内涵的优质内容，以满足人们对内容的更高诉求，从而能够始终吸引和黏住粉丝。

网红是移动互联网时代的必然产物，是人们自我表达和自我实现的重要表征，它使更多普通人圆了"明星梦"。因此，社会应该以更加积极开放的心态看待网红，给予其广阔的成长空间，通过提升大众的审美能力和内容诉求来推动网红的进步与成熟，以充分发挥网红巨大的创造能力，打造一个更具生机和活力的互联网世界。

1.3　重新定义网红：具有强大"吸睛"和"吸金"能力的群体

1.3.1　网红：网络上具有超高人气的个体

中国互联网络信息中心（CNNIC）发布的第 37 次《中国互联网络发展状况统计报告》显示，截至 2015 年 12 月，中国网民规模达 6.88 亿，互联网普及率达到 50.3%。随着互联网逐渐渗透到人们的生活中，网红作为一个特殊的群体，凭借其强大的"吸睛"和"吸金"能力引起了人们的注意。

不过，"网红"群体的越来越庞大和成员的鱼龙混杂，也让人们对"网红"这一概念产生了一些错误的理解。比如，有人认为"网红"就是整容、炫富等行为的代名词。实际上，"网红"是指在网络上具有超高人气的个体，这种个体并不仅仅局限于某个特定的领域，如电商模特、视频主播、演员、主持人、运动员，甚至科学家等都有可能成为网红。

2016 年 4 月 19 日晚，根据新浪微博联合红榜发布的网红排行总榜，位于榜首、影响力最强的是 2016 年 4 月 12 日刚刚开通微博的国际著名物理学家霍金。他发布的第一条微博瞬间就收获了 38 万的转发、40 万的评论和 93 万的点赞，在短短几天时间里他的粉丝数量就达到了 300 多万。这一影响力可以说是任何网红都难以匹敌的（如图 1-11 所示）。

图 1-11　霍金教授的官方微博

在注意力经济环境下，网红的出现可谓顺应了天时、地利、人和。在传统媒体时代，依靠电视等媒体的包装走红的明星群体，带来了巨大的经济价值，而互联网的发展，则使得网红群体应运而生。相比传统媒体，移动互联网的影响力更大、传播范围更广、造星能力更强，通过微博、美拍等平台，任何一个人都有可能成为网红。

1.3.2 注意力经济环境下造星模式的变化

传统媒体时代的明星，对大多数粉丝来说是遥不可及的、具有神秘感和距离感的，而进入移动互联网时代后，明星也逐渐"网红化"。

"明星网红化"具有两个方面的含义：一是美拍等平台上的个体，可以通过吸引大量粉丝成为网红，并接拍影视节目、代言广告，成为明星；二是明星会更加注重与粉丝的互动。

在2016年第35届香港金像奖颁奖典礼上，90后的春夏在激烈的角逐中获得最佳女主角的桂冠。在此之前，凭借《踏血寻梅》中的王佳梅一角，春夏还获得了亚洲电影大奖最佳新演员奖。

实际上，在出演电影之前，春夏是名副其实的网红，她不仅做过"书模"、当过淘宝模特，更是豆瓣社区的知名红人，其清新的形象和独特的气质吸引了大批粉丝的关注。凭借在豆瓣的高人气，2013年春夏开始出演影视剧作品。春夏的经历，即是对"明星网红化"的一个绝佳阐释。

在新娱乐时代，明星的数量迎来了爆发式的增长，而明星与网红也不再是两个对立的群体。在注意力经济环境下，无论明星还是网红，能够吸引粉丝，并注意与粉丝互动的个体更容易获得话语权。

被定义为"高颜值男歌手"的Skm破音，是在美拍崛起的知名网红之一。与一般的美拍歌手相比，Skm破音的视频内容不仅更加新颖，而且更注意与粉丝的互动。他在唱歌的时候，会在停顿间隙跟粉丝打招呼、开玩笑、聊天，而粉丝也会通过弹幕的方式发送歌词，形成一种和谐的互动氛围。截至2016年5月，Skm破音在美拍的关注者接近160万，微博粉丝数也超过 1000 万，由此成为受关注度最高的网红之一。

从某种意义上来说，"明星网红化"就如同娱乐产业的"供给侧改革"，要吸引更多的粉丝，就必须提高自身的吸引力。未来，明星与网红之间的界限会逐渐模糊。

1.3.3 互联网时代的"身份"崛起

从传播学象征互动的层面上来阐释如今的网红，可以将他们生产的内容理解为"互联网米姆"。"米姆"源自于英文 Meme，出自《自私的基因》（The Selfish Gene）一书，作者为英国著名科学家 Richard Dawkins（查德·道金斯）。"米姆"是一种互联网文化基因，作为信息传递的中间角色，其在时代发展的基础上，理论内涵也在不断丰富。如今，"米姆"已成为一种包含多种因素的文化活动体系，它能够扩大信息传播范围，并以传播结果的形式呈现出来。

网红生产出来的"米姆"，也属于互联网文化基因的范畴，这种基因可以被他人模仿并进行大范围的信息传递。"米姆"的出现能够填补人们在某些方面的精神空白，网红为了提高自身的影响力，进行内容生产，并以文字、图片、视频等媒体形式呈现出来，利用互联网平台进行信息内容的传播，引发用户产生认同感，甚至进行模仿。

立足于分享经济的层面来分析，网红运营，其实就是红人通过社交平台的运用，使广大用户看到自己擅长的能力，并从中盈利。随着网红经济的崛起，网络红人即便没有稳定的工作也能赚取自己的生活所需，他们既可以与第三方企业合作，也可以选择自主经营。之所以会出现这样的情况，很大程度上取决于互联网时代"身份"的日益突出。在分享经济的模式下，不仅出现了很多新兴产业，增加了就业机会，也使原本许多全职的工作被临时性的兼职代替，使传统就业方式面临挑战。

（1）网红传播链条的两大要点

网络红人的形象是经过一系列包装及打造之后呈现在观众面前的，与其现实生活中的形象存在很大的差距。网红传播的关键之处在于以下两大要点（如图1-12所示）。

图1-12 网红传播链条的两大要点

第一点，制造爆点，生产出能够引人注目的话题内容。抓住用户心理需求的话题，使网红迅速在网络平台上推广开来，提高其个人影响力，并不断拓展传播范围。

第二点，持续推广，不间断地进行个人营销能够延长网红在网络平台上的活跃时间。同时，网红本身需要持续进行内容输出。若不注重持续推广，网红很可能会迅速走向衰竭。

（2）如何制造爆点内容

网红在打造个人品牌时，不仅要突出自己的风格特点，还要与粉丝进行频繁的互动交流，并学会用故事打动粉丝。

① 鲜明的风格特点

每个网红都要突出自己的风格特点，只有这样才能避免同质化现象的出现，才能够给用户留下深刻印象。作为网络红人，需要具备某方面的特长，或者能够从新颖的角度出发来解读热点问题，并将这些内容以恰当、精彩的形式表现出来。

"六神磊磊读金庸"凭借解读金庸的作品走红，他从全新的角度、现代化的眼光来理解古代武侠作品，主打幽默风格，语言生动形象。"谷阿莫"用精辟凝练的语言将长达数小时的电影浓缩为几分钟的视频，台湾腔是其突出特点，幽默的风格也让人容易记住。

② 频繁的互动交流

要吸引更多的粉丝关注自己的内容，网红就要与粉丝进行交流沟通，选择参与性较强的话题，与粉丝展开讨论。其中，高质量的内容只是一方面，还要选择恰当的传播方式，并以粉丝容易接受、理解的形式来表现内容。为了拉近与粉丝之间的距离，不少网红乃至明星开始推出具有独特风格的个人短视频。

与明星不同的是，网红需要与粉丝保持频繁的互动，因此，电商红人会在社交平台上与粉丝进行互动，主播红人会在节目播出过程中感谢粉丝用户的支持与喜爱。

③ 用故事打动粉丝

不少网红通过讲故事的方式来吸引粉丝的关注。网络红人会打造出属于自己的故事，并在讲故事的过程中找到与大众日常生活的共同点，激发粉丝对自己故事的向往与认同感。

"日食记"是一档在网络平台上播放的美食栏目，受到大批粉丝的追捧。该视频节目在教观众自制美味佳肴的同时，也将主人公姜老刀与他从街上捡回的流浪猫"酥饼"的故事，在温暖的氛围中娓娓道来，使人们对那充满生活气息、爱与美味的场景产生无限向往（如图1-13所示）。

图1-13 "日食记"优酷频道

（3）瞄向受众的3种心理

网红在运营的过程中，要重点抓住粉丝对群体的认同及归属感、对网红及自身的幻想心理以及对轻松娱乐的心理需求。

① 为粉丝提供群体的认同及归属感

网红的粉丝群体相当于一个发展成熟的社群，粉丝们基于对网红的共同喜爱与推崇而聚集到一起，并以此来寻找自己的价值所在。粉丝的汇集能够让个体产生认同感及归属感，好像自己是圈子中不可缺少的一部分，并因自己与其他人崇拜共同的偶像而感到骄傲。

② 对网红及自身的幻想心理

网红在网络平台上输出的内容及呈现出来的形象，能够激发粉丝的认同感，粉丝会将这种感觉转移到网红个人身上。同时，网红会把握好与粉丝之间的关系，让粉丝觉得其在网络平台上呈现出的形象，就是自己在现实生活中的状态。另外，粉丝还会因网红原本也是普通人而将其与自己联系起来，并将这种幻想迁移到自己身上，希望自己也能获得成功。

③ 轻松娱乐的心理需求

随着生活节奏的加快，人们在工作与日常生活中都面临着很大的压力，每天都要处理各种各样的问题。在这种情况下，人们经常会选择从现实生活中抽离出来，通过观看一些娱乐性较强的内容来释放自己的压力，使自己获得暂时的放松。因此，网红抓住粉丝的这种心理需求，有的以轻松、幽默的内容来吸引粉丝，有的通过用犀利的语言对日常生活中的常见现象进行批判吸引粉丝，还有的是基于给某个领域的人们提供指导意见吸引粉丝等。无论什么形式，都是以娱乐性为主。

（4）3 种成名路径

进入 2016 年后，网红的范围逐渐拓宽，一些公众人物也开始利用自媒体来提高个人影响力。若以是否具有知名度和是否在线上平台有所发展为标准，下图可以清晰地表现网红的 3 种成名路径（如图 1-14 所示），其中，在线上拥有知名度的群体为当下的网红，其他 3 部分则是可能成为网红的 3 个群体类型。

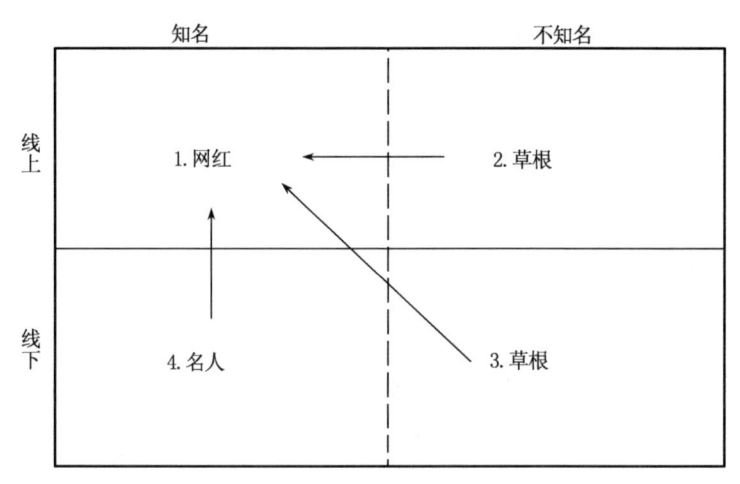

```
           知名                        不知名
   ┌────────────────────┬────────────────────┐
   │                    │                    │
线 │                    │                    │
上 │    1.网红    ←─────│    2.草根          │
   │         ↖         │                    │
   ├──────────┼─────────┼────────────────────┤
   │          ↑  ↖      │                    │
线 │          │    ↖    │                    │
下 │    4.名人 │      ↖ │    3.草根          │
   │                    │                    │
   └────────────────────┴────────────────────┘
```

图1-14　网红的3种成名路径

从图 1-14 中可以看出，网红来源于 3 种群体：线上草根、线下草根及名人。名人既包括通过传统媒体走红的明星，也包括知名企业家。如今，利用网络平台走红的名人不在少数，比如"罗辑思维"的主持人罗振宇。随着网红经济的发展，加入这个队伍的名人会逐渐增多。

从默默无闻的草根变成受人追捧的网红，是对传统就业机制的挑战，说明如今的跨阶层发展正在成为普遍现象，也为普通人提供了更多的创业机会。

企业家网红的发展同样值得关注，因为这个群体不仅代表着个人，更代表着整个企业的形象，在很大程度上决定着企业在线上平台的影响力及覆盖范围，而这就需要以产品质量为保证。在国内供给侧改革正如火如荼开展的今天，这种创新式的发展模式更应该引起业内人士的注意。

1.4 网红经济的未来：网红模式的可持续发展路径

1.4.1 网红经济催生新兴产业的投资机会

互联网的崛起催生了一批有强大影响力的网红，早期的文学网红"痞子蔡"凭借文学作品《第一次的亲密接触》，在全球华文领域掀起了一股"痞子蔡"热潮。之后的后舍男生、呛口小辣椒、芙蓉姐姐，再到如今的穆雅斓、谷阿莫等，网红群体的规模越来越大。网红经济作为一种新兴业态，近年来已经展现出巨大发展潜力。

（1）海外网红早已风生水起

网红凭借其在现实或网络生活中的某种行为或事件被网民广泛关注。在互联网的影响下，他们展现出来的某种特质被无限放大。

在互联网出现较早的国家，网红产业经过较长时间的发展已经相对成熟。以美国为例，2004年，以Facebook为代表的社交媒体平台造就了一批网红。2007年，谷歌旗下的YouTube制定了视频广告利润分享策略，平台将拿出视频广告收入的55%用以奖励视频内容的创作者。这一策略使得用户的创作热情得到极大提升，网红群体逐渐发展壮大。

与此同时，专门为网红群体服务的网红经纪公司也开始大量涌现。它们主要为网红提供内容创作、业务合作、品牌塑造等多方面的服务。

Maker Studios 作为 YouTube 规模最大的内容供应商之一，于 2014 年 3 月被迪斯尼以 5 亿美元的价格收购。目前美国网红经济实现价值变现的方式主要为广告，下一步将逐渐向电商及股权分享发展。据统计，作为未来网红经济重要支撑的 14～17 周岁的美国网民，目前使用的社交软件主要是 YouTube、Facebook、Instagram。

欧洲地区的时尚博主是一种典型的网红。他们开设博客，并通过自身拥有的海量粉丝提升博客的影响力，这种运作方式与国内的自媒体十分相似。当这些博主的影响力达到一定程度时，便会有企业与其合作，邀请他们出席一些产品发布会或为品牌代言等。

随着网红影响力的日益增强，其将对传统的品牌推广方式产生深刻影响。企业通过网红进行营销推广，成本更低、效率更高。

2006 年，在世界范围内拥有极大影响力的印度瑜伽大师斯瓦米·兰德福成立了 Patnajali 公司，意欲实现新技术与古印度智慧的深度融合，弘扬印度"韦达养生学"。凭借着斯瓦米·兰德福的强大影响力，Patnajali 公司在短时间内实现了快速发展。相关机构对该公司进行的预测显示，预计 2016 年其营收将达到 48.8 亿元。

（2）网红经济助推新兴产业

网红经济是近两年随着网红的快速崛起而出现的一种新型业态，要完成从"网红"向"网红经济"的转变，需要具备优质的社交资产及实现价值变现的商业模式。随着人们消费行为及需求心理的转变，电商产业的模式红利逐渐减小，商品及服务同质化、用户流量成本高、转化率低等问题日益严重。实现与消费者精准对接、投入成本较低的网红经济开始登上历史舞台。

papi酱的成功，无疑让网红经济受到了众多投资者的青睐。许多与网红经济密切相关的公司也迎来了新的发展机遇。受益最大的当属几大社交媒体平台及视频网站，比如微信、微博、爱奇艺、优酷等，目前与网红经济相关的不少公司都已经在港交所或纽交所上市。

在国内颇具影响力的网红王思聪主要使用新浪微博，而papi酱则使用微博和微信，罗振宇除了每天更新一段60秒的微信语音信息外，每个星期还在优酷发布一期视频。

网红产业与音乐、体育等有相似之处，它们都需要有一定规模的粉丝群体。对粉丝经济而言，是以电商或者广告代言的方式完成商业变现，其中最为关键的是要拥有海量的粉丝群体。2016年3月，据新浪微博官方公布的数据显示，2015年，微博月均活跃用户为2.36亿人，日均活跃用户为1.06亿人。这与那些拥有大量粉丝群体的意见领袖、网红有密切的关系。

视频社交平台孕育了许多网红。在被称为"得宅男者得天下"的网红产业，粉丝经济商业模式已经相对成熟。以欢聚时代、9158网站为代表的平台，成为网红产业首批成功掘金的幸运儿。以欢聚时代为例，其在2012—2014年的净利润保持着高速增长，2012年其净利润为8918万元，到了2014年这一数字增长至10.64亿元。

2016年2月，中国数码文化与当红明星周杰伦达成深度合作；2016年3月，该公司又与深圳市娱加娱乐传媒有限公司共同成立新公司，探索网络直播代理业务，此次合作将由中国数码文化提供网络直播艺人，而娱加娱乐则负责艺人培训、宣传推广、商业合作等方面的业务。

拥有大量忠实粉丝群体的动漫产业也是网红的一大产地。许多Cosplayer（动漫角色扮演者）正在逐渐向网红发展。2015年10月，因拥有动漫角色扮演衍生品业务而受到广泛关注的中国派对文化，在港交所正式挂牌上市，作为动漫衍生品领域的综合服务方案供应商，其必将掀起一股动漫产业的网红热潮。

1.4.2 新风口：资本推动下的千亿蛋糕

当前，网红经济的市场规模已经达到上千亿元，未来几年在资本巨头的不断涌入下，该行业还将迎来爆发式增长。从整个网红经济的发展来看，随着产业的不断完善，不同影响力的网红将会被分为不同的层级，并产生各自不同的商业模式，最终形成一种相对稳定的金字塔结构。

网红经济整个产业十分庞大，网红电商、游戏直播、视频创作等相关产业的发展尤为火热。未来，电商平台、视频直播平台、电子竞技、美容医疗将会成为网红经济这个千亿级市场的主要瓜分者。

（1）红人电商模式前景广阔

从当前的发展情况来看，通过电商实现网红经济变现是一种较为主流的方式。以淘宝店为例，在2015年"双11"购物狂欢节期间，有几十家网红开设的淘宝店铺销售额达到了几千万元。有的网红在淘宝店铺刚开业时，结合一些促销打折活动，一天的销售额就可以达到几百万元甚至是上千万元。淘宝官方给出的数据显示，2015年淘宝女装销售额前10名的店铺中，网红店铺有6家。

与普通的淘宝商家相比，这些网红店铺可以更加精准地满足消费者的需求，而且用户流量成本极低、转化率极高，其产品销量普遍较高、盈利能力较强。决定网红店铺盈利能力的主要因素包括：产品的更新迭代效率、供应链的管理能力及对粉丝群体的营销能力。

在网红与社交电商深度融合的年代，电商平台将在未来网红产业的发展中扮演十分关键的角色。目前，一些电商平台开始尝试引入一些优质的网红入驻平台，比如淘女郎推出的网红报名活动等。

近年来，由于产品同质化严重及电商行业的巨大冲击，服装产业的利润率大幅度降低，许多品牌服装甚至也遭遇了严重的库存问题。而时尚类型的网红主要就是通过在淘宝上开设店铺，销售女装来实现价值变现，这无疑为以服装产业为代表的众多传统行业带来了新的发展机遇。

截至2016年2月，我国A股市场中有电商平台业务的挂牌公司为华斯股份、南极电商。2015年5月，华斯股份入股移动社交电商平台微卖，凭借30%的股份成为微卖的第二大股东。两个月后，新浪微博与微卖达成战略合作，新浪微博将为微卖提供用户流量、社交数据、产品运营等方面的支持。

南极电商是一家服务于小微供应商及电商的第三方综合服务商。其主营业务主要包括供应链管理、营销推广、品牌授权及电商生态综合服务等。目前，该公司的利润来源主要是品牌授权，毛利率可达95%。下一阶段，南极电商将以柔性供应链切入网红经济，主要通过以下两种方式展开。

一是与现有的网红店铺进行合作，成为其服务商及代理运营商。南极电商将负责产品生产及店铺运营，而网红店铺则主要负责品牌输出，双方将以销售分成或者入股分红的方式来共同分享利润。

二是打造网红孵化器，提供网红孵化服务。南极电商将凭借其在电商营销推广方面的强大优势，打造出一批竞争力强、发展前景广阔的自营网红店铺。

（2）视频直播成主要载体

通过视频或者网络直播进行品牌推广，是视频主播等网红群体提升人气的主要方式。随着移动互联网时代的来临，移动终端的用户流量大规模增长，移动直播逐渐发展成为新的超级用户流量入口。

美拍、秒拍等以拍摄短视频为主的视频APP的出现，使得视频制作的成本越来越低，每个人都可以拿起自己的手机拍摄一段视频上传到社交媒体平台及视频网站。在PC端十分活跃的直播平台上，逐渐培养用户用虚拟物品打赏主播的习惯，这种方式被称为除了电商、广告、游戏外的第4种互联网盈利模式。

作为移动直播平台主流活跃群体的80后90后，十分强调个性化，而以映客为代表的移动直播APP，通过发展差异化竞争吸引了大量优质主播以及用户，这与现代文娱产业的主流发展趋势实现了完美融合。

我国A股市场中拥有直播平台的挂牌公司主要包括巴士在线、暴风科技、昆仑万维等。2016年，巴士在线推出移动视频直播平台"我拍TV"，将借助公交移动电视屏幕，发展线上与线下相结合的运营模式，创造优质内容，并培养一批具有极高人气的网红。

暴风科技正在积极探索视频直播领域的发展模式，并投入大量资源用以建立娱乐直播平台。与其他公司自建直播平台所不同的是，昆仑万维以入股映客的方式实现了对视频直播领域的布局。

（3）电竞网红成主角

市场研究机构发布的数据显示，2015年全球游戏市场增长率达到8%，包括PC、主机、手游在内的全平台产生的总收入为610亿美元。2015年，全球收入最高的游戏是腾讯旗下的Riot Games开发的英雄联盟，年收入为16亿美元。

自2010年以来，在地下城勇士、穿越火线、英雄联盟等游戏的推动下，我国的电竞产业发展十分迅猛。据艾瑞咨询发布的数据显示，2015年中国的电竞用户人数为9800万人，预计2016年将突破亿级大关。

电竞产业的快速发展，催生了大量的直播平台、游戏主播及电竞俱乐部。在网红群体中，电竞男主播具有极高的知名度及极大的潜在商业价值。

随着电竞产业的快速发展，许多游戏主播组建了专业的团队，帮助自己进行优质内容的创作、品牌合作、宣传推广等。由于游戏主播有对服装及直播场景进行设计的强烈需求，一批专门为游戏主播提供服务的经纪公司也纷纷涌现，整个游戏直播产业正在向商业化、专业化及系统化的方向发展。

当然，游戏主播实现价值变现，需要有火热的游戏、电竞行业的健康稳定发展及电竞直播平台等作为支撑。目前我国A股市场有电竞直播业务的公司主要有浙报传媒、奥飞娱乐、游久游戏等，涉及的游戏直播平台主要包括战旗TV、斗鱼TV、熊猫TV、龙珠TV等。

（4）医疗美容行业搭"顺风车"

网红群体的风光生活，让许多人想要成为拥有大量粉丝的网络红人，甚至不惜通过美容、整容等方式提升自己的吸引力。由此，医疗美容产业也迎来了新的发展机遇。

在我国，由于医疗美容产业仍处于起步阶段，相关的技术、服务与发达国家相比还有一定的距离。近年来，我国的医疗美容公司也在积极引入国外先进的技术、管理经验及机械设备。未来，我国在医疗美容设备生产、技术培训及美容服务等领域也会出现一些行业巨头。

据统计，我国有上万家美容整形医院，但是它们大都分布在经济比较发达的一线和二线城市。目前我国在医疗美容行业较为领先的公司主要有伊美尔、华美及时光整形等。医院是整形产业最为主流的载体，而且随着行业监管力度的不断增加，未来它将成为最为核心的用户入口。

此外，由于韩国的整形技术十分先进，许多中国的整形机构为了吸引消费者，与韩国整形医院建立了战略合作，甚至部分整形机构直接收购了韩国的整形医院。我国的医疗美容产业有着巨大的发展前景，这对于那些拥有技术、品牌、渠道等优势的企业而言无疑是一次重大的发展机遇。

随着"互联网+"掀起的传统产业"触网"热潮，相对封闭的医疗美容产业也迎来重大变革，其内部流程塑造及与其他行业的跨界融合，将会成为未来的发展趋势。整个行业的信息壁垒将会被逐渐打破，产业各层级之间将会逐渐实现信息互通。更为关键的是，在互联网公司及资本巨头的涌入下，整个医疗美容产业链的深度及广度将会得到大幅度提升。

目前，我国A股市场挂牌的医疗美容上市公司主要包括苏宁环球、华东医药等。2015年1月13日，苏宁环球与韩国ID健康产业集团达成战略合作，双方将在中国成立合资公司。作为成立合资公司的前置条件，苏宁环球将购买韩国ID健康产业集团30.53%的股份。

华东医药则取得了韩国LG玻尿酸中国总代理权，玻尿酸在整形美容产业中有着极其广泛的应用。此次合作是华东医药公司在整形美容领域的一次有益尝试，韩国LG作为一家通过欧盟CE认证，原料通过欧洲EDQM及美国FDA认证的国际知名品牌，其产品具有较高的安全性，这将有助于华东医药在医疗美容产业上建立起良好的口碑及企业形象。

1.4.3 如何突破可持续和规模化瓶颈

如今，网红已经不再是单纯通过搞怪行为、自拍照吸引人眼球的群体，而是发展成为能够释放出巨大价值的经济新元素，围绕网红群体可以探索的变现方式有很多。

网红经济迎合了互联网时代的经济发展趋势，它借助社交媒体平台聚集大量忠实粉丝，通过实时互动开展定向营销，围绕网红创造的优质内容开发出一系列产品及增值服务，从而形成完善的网红产业生态。

在我国长期面临较大的经济下行压力的背景下，以网红经济为代表的诸多互联网产业为中国经济的发展注入了新的活力及动力。在大众创业、万众创新的环境下，网红电商、视频主播等网红衍生产业为我国带来了新的经济增长点。

网红经济对许多传统行业的转型升级提供了新的发展机遇。以网红电商为例，在其发展初级阶段，网红店铺主要是通过网红吸引更多的消费者关注，但是由于网红的运营能力及业务拓展能力不足，限制了其发展。但在经过一段时间的摸索后，网红开始组建自己的专业团队，创建自主品牌，并通过品牌延伸来实现收益最大化。

网红通过创造优质的内容、打造具有较大影响力的品牌，拓展了品牌产品上下游产业链的深度及广度，这种全新的网红经济商业模式，在许多传统行业的转型中发挥出了巨大的作用。

以传统服装行业为例，许多服装企业在互联网时代陷入了发展停滞期，从产品生产到交易支付，企业要承担过于沉重的内部组织管理成本及外部推广成本。而网红经济的崛起，让传统服装品牌可以借助培育品牌设计师来提升品牌影响力，通过与消费者实时互动了解其兴趣爱好，实现产品的个性化及定制化生产，以此完成企业在产品生产、营销推广、品牌塑造等多个环节的内在变革。

与互联网金融、互联网租车一样，网红经济这种新兴产业在发展过程中也会遇到各种各样的困难，而网红经济要突破发展的瓶颈，就在于如何实现持续稳定的增长及规模化扩张。网红经济在粉丝转化率方面具有较大的优势，但需要持续地创造优质的内容，要想满足注重个性化与定制化的80后90后这一消费群体的需求，对网红是一个巨大的挑战。

在移动互联网时代，信息传播速度及效率发生了质的飞越，在消费决策方面，人们更趋于理性。在这种背景下，只有持续创造出优质内容的网红，才能在信息过载时代，长期保持较高的关注度，源源不断地获取较高的收益。

对网红产业而言，生活在互联网时代的我们应该摆正自己的心态，以开放包容的理念来接受这种新兴产业，也只有为以网红经济为代表的诸多新兴经济创造出自由、开放、平等、规范的市场环境，它们才能持续地推动我国经济不断发展，实现中国经济的真正崛起。

1.4.4　未来的网红经济模式将何去何从

2016年3月7日,《互联网周刊》发布的"2015年度中国网红排行榜"，根据网红的口碑、影响力及创作力进行排名，聚集了许多段子手、影评人、时尚圈达人等。这份榜单向外界展示了网红经济所具有的强大能量，王思聪被称为年轻有为的"富二代"，叫兽易小星是梦想的创造者，而凤姐也被看作是励志的代言人。

（1）平台 + 网红 = 合作共赢

草根借助网络成为万众瞩目的网红已经十分常见，而网红在凭借较高的才艺、个性等吸引大量粉丝关注的同时，也为以微博、微信为代表的互联网平台带来了巨大的用户流量。这种合作共赢也是网红经济在十多年的时间里能够不断发展壮大的重要原因。

从最初的论坛到如今的各大社交媒体平台，网红走过了十多年的发展历程。据市场研究机构公布的数据显示，截至2015年年底，中国网红群体的人数已经突破百万大关，但其中大部分网红只是昙花一现，在短时间内凭借热点事件崛起的他们很快被新的网红所取代。

以芙蓉姐姐、奶茶妹妹为代表的较早的网红，大部分已经离开了他们曾经活跃的平台。比如天仙妹妹成为了影视公司的老板，不再穿那些标志性的少数民族服饰，更多地以时尚服装亮相；凤姐移民美国成为凤凰网客户端的签约主笔。

2009年，新浪微博的崛起极大地提升了网红群体的发展速度，段子手、时尚达人等不断涌现；2014年，淘宝平台出现的高颜值的服装模特、视频直播平台出现的主播等，说明新一代变现能力更强的网红开始走上舞台。

（2）网红经济，未来会怎么走

从严格意义上来说，"网红经济"这一概念，在2015年2月27日淘宝平台召开的"网红经济媒体研讨会"之后，才真正得到大规模推广、普及。淘宝平台公布的数据显示，一些网红开设的淘宝店铺可以在一周之内完成传统线下门店一年才能完成的交易额，甚至有的店铺用一年的时间就发展成为四皇冠店铺。

虽然网红都是以海量的粉丝群体为基础的，但在具体的变现方式上存在着一定的差异。

网红与品牌商合作，通过出席一些商业活动、为商家代言等方式完成价值变现；

网红直接在朋友圈推送广告完成变现，这种方式成本较低、转化率较高，但长此以往，很容易引发粉丝的不满；

网红自建品牌，基于其创造的优质内容提供各种衍生增值服务。

对于淘宝网红店铺而言，网红在社交媒体平台的营销推广、产品的个性化及多元化设计、供应链的整合、店铺运营管理等，都会影响店铺的业绩。淘宝红人店铺运营是网红经济衍生出的一个新兴产业，由专业的公司负责网红培养、产品生产、品牌推广、售后服务等产业链的多个环节，网红在其中扮演的角色相当于一个商业代言人。

网红经济的出现，催生了许多新兴产业，创造了很多就业机会；进一步完善了互联网产业生态；较低的准入门槛让许多草根得以实现自己的价值；创造了新的经济增长点。在网红群体的快速更新迭代中，网红群体的规模也在不断扩大，网红经济的生态也更趋完善，未来将会有更多的网红经济衍生产业及商业模式涌现出来。

网红经济，是人们在互联网时代追求自由价值的一种实现途径。在未来相当长的一段时间里，网红经济将保持高速增长。人们对文娱产品消费需求的多元化，也会推动网红经济朝着多元化的方向不断发展。

第二章

深度揭秘网红经济
背后的商业模式及产业链

2.1 赢在顶层设计：网红经济产业链的运营发展路径

2.1.1 网红经济产业链中的"玩家群像"

互联网虚拟世界中有这样一群人：她们以漂亮的脸蛋、曼妙的身材在社交平台上聚集了众多粉丝，并通过自我营销和展示引导粉丝群体的消费选择和行为；她们所拥有的关注度和话题度在很多时候并不输于明星；最重要的是，她们开设的淘宝店铺的产品销量常常排在同品类店铺的前列，具有十分强大的吸金能力。这些人被称为"网红"。在刚刚过去的2015年，她们在互联网世界中迅速崛起，吸引了众多关注，是最会赚钱的一群人。

在商业价值上，网红优化了供应链滞后状况，提升了产品营销的精准度。以服装产业为例，一方面，网红通过自身影响力引导粉丝的款式选择，使供应链一侧的服装生产厂商能够精准对接消费者需求，从而缓解了当前服装业库存高、资金周转慢等问题，增强了供应链端的生产效能；另一方面，在线下开店边际收益下降、投入成本不断攀升的情况下，各服装品牌商开始借助 B2C 电商平台开拓新的营销渠道。只是，传统 B2C 电商平台不仅收费较多，而且搜索品类繁杂，已经无法满足消费者对快捷、高效、简便、个性的需求。与此不同，网红基于社交平台的庞大流量积累了众多粉丝群体，并以自身的时尚形象展示引导粉丝的选款倾向，从而提升了品牌商的营销精准度和效率，推动品牌商从 B2C 电商转向社交电商，网红张大奕的微博示例（如图 2-1 所示）。

图2-1　网红张大奕的微博展示

简单地讲，网红是在社交平台上积累了足量粉丝，并通过个性化的自我展示有效诱导粉丝的消费选择和购买行为，从而获取粉丝经济价值，实现流量变现的人。随着网红的快速发展，其涵盖范围也从服装行业延展到游戏、动漫、美食、教育、摄影、股票等诸多领域。以新浪微博等各大社交网站为舞台，一批网络意见领袖和行业达人长期活跃在这些专业垂直领域中。

网红有着巨大的商业价值：一方面，相对于传统粉丝经济中的"漫灌"营销，网红经济是一种更为垂直细分的经济形态，网红能够基于自身在特定领域的专业性和影响力，进行"精灌"营销，即实现产品营销的高效性、精准性；另一方面，网红经济又具有大众化、低门槛的特点，网红可以通过在社交平台与粉丝群体的交互沟通，实现更为低廉、广泛的产品宣传。

从参与主体来看，网红经济的产业链结构包括小型社交平台、综合社交平台、网红、网红经纪公司、电商平台、供应链平台或品牌商（如图2-2所示）。

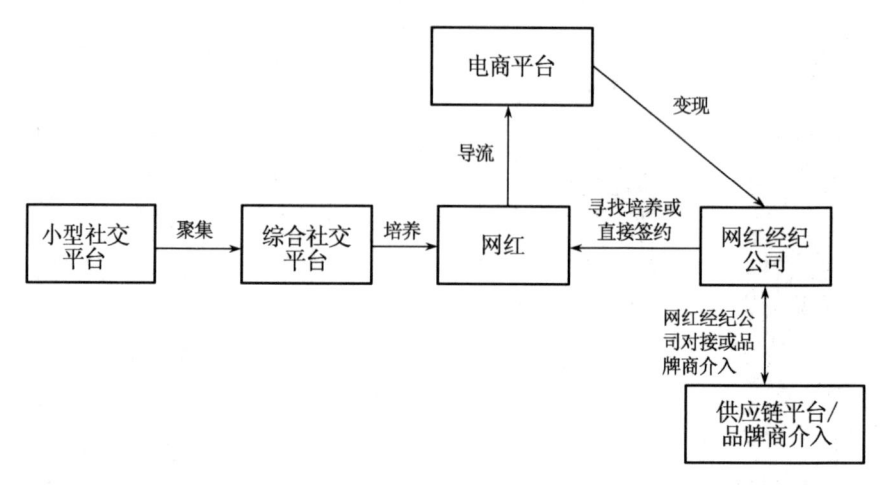

图2-2 网红产业链结构

（1）小型社交平台

在专注于垂直细分领域的小型社交平台中，常常会出现一些在该领域有着特殊才能的网友。这些人在社交平台的日常交流互动中，吸引和聚合了一批志趣相投的关注者，成为该小型社交平台上的网红。

不过，专业性或功能性的小型社交网站虽然更容易形成网红，但毕竟流量有限、规模较小。因此，为了进一步提升自身的知名度，聚集更多的粉丝，小型社交平台上的网红会不断转向有着更大流量的综合社交平台，并以网红身份继续吸引、黏住和影响更多的网友，为发展社交电商积累足够流量（如图2-3所示）。

图2-3　网红衍生的几大社区

（2）网红经纪公司

网红经济的快速崛起也使网红运作越来越专业化、企业化。网红经纪公司就是以发现和培养网红，并帮助网红顺利变现为目的的，其基本运作流程为以下4个步骤（如图2-4所示）。

① 寻找并签约合适的网红。

② 以专业化的运营维护团队帮助网红运作社交账户，始终保持与粉丝的高效、深度交互，通过具有吸引力和情感共鸣的话题引导粉丝关注网红的店铺或推荐的产品。

③ 基于公司自身的供应链生产或整合能力，帮助网红高效对接供应链系统，实现产品生产的精准化，提升供应链效率。

④ 通过专业分工帮助网红更有效的经营线上店铺，实现网红社交资产变现。

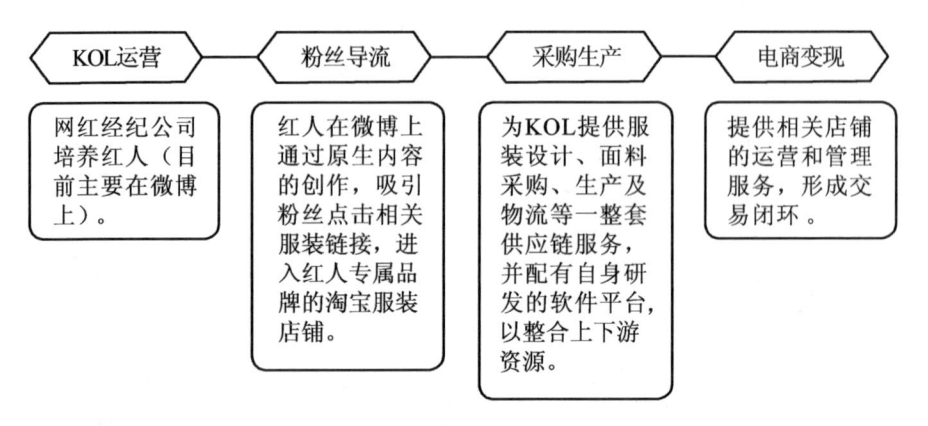

KOL运营	粉丝导流	采购生产	电商变现
网红经纪公司培养红人（目前主要在微博上）。	红人在微博上通过原生内容的创作，吸引粉丝点击相关服装链接，进入红人专属品牌的淘宝服装店铺。	为KOL提供服装设计、面料采购、生产及物流等一整套供应链服务，并配有自身研发的软件平台，以整合上下游资源。	提供相关店铺的运营和管理服务，形成交易闭环。

图2-4　网红电商运营模式示例

（3）供应链生产商或平台

网红经济具有快时尚、个性化的特点，需要对接能够快速反应、快速生产和发货的供应商，以不断满足消费者不断变化的时尚需求，获取流量价值。因此，网红经纪公司或者供应链服务平台，需要利用大数据分析技术优化整合供应链各环节，以满足网红对供应链系统的快反应和高品质需求。

很多品牌生产商有十分成熟的供应链系统，却苦于缺乏有效的线上营销渠道。这些品牌生产商迫切希望能够参与到网红经济的产业链中，实现供给端与需求端的精准、高效对接，这显然又进一步推动了网红经济的快速成长与发展。

2.1.2　各社交媒体平台的网红孵化情况

互联网时代下的网红经济，已经从最初的服装领域覆盖到运动休闲、科普教育、视频直播、美食旅游等诸多垂直领域。这些垂直领域的社交网站虽然都有着规模上的局限，但在培育网红方面却各具优势。

(1) 运动、旅游类社交网站

这两类基于兴趣爱好的社交网站能够更快、更容易地实现粉丝聚集，并基于高频、深度的交流沟通促进网红迅速产生。不过，这类社交平台中的粉丝数量较为有限，网红社交资产的变现规模不大。

来自意大利米兰的时尚博主 Chiara Ferragni 2009 年开设博客的时候仅有 22 岁，在大学读法律的她喜欢将自己的各种造型以及搭配技巧等分享到博客上。由于具有鲜明的个人特色，而且掌握意大利语与英语两门语言，Chiara Ferragni 在短时间内就吸引了大量粉丝和媒体的关注。

在获得关注后，颇具远见的 Chiara Ferragni 组建了自己的团队，创立了一个全新的时尚品牌，而且其运营博客的经验还被写入哈佛商学院的教学案例，Chiara Ferragni 本人也登上了福布斯排行榜。

（2）科普类社交网站

科普类社交网站能够凭借优质的内容输出，不断吸引和黏住有不同知识诉求的网友，因此在粉丝规模和忠诚度方面都不成问题。只是，过于浓厚的文化氛围必然会形成对社群商业化运作的反感和排斥。同时，这类社交平台中的网红本人，也常常是文化价值属性大于商业价值属性，这无疑增大了社交资产变现的难度。

（3）视频直播类网站

随着互联网"宅"文化和游戏产业的兴起，视频直播类社交网站得以吸引到更多的眼球。视频直播类平台上的网红也大多具备优质的形象和演艺素养，更容易吸引并影响粉丝，实现流量变现。

不过，这类平台上的网红也面临着随时被"淹灭"的风险，即由于网友的兴趣、品位等的快速变化，以及对新鲜事物的追逐，视频直播类网红很难长久地吸引和黏住观众。而且由于这类网红常常是以某个固定形象走红，因此也很难进行自我转型。

由此可见，各种垂直类的社交平台虽更容易培养出网红，但首先都受到粉丝规模的限制，其次又受到各平台自身社交氛围、广告链接能力、软件系统等不同方面的制约，因此很难为网红变现提供有力的支持。

所以，这些垂直社交平台上的各类网红在积累了一定量的粉丝后，常常会将重心转移到新浪微博这个具有更多流量，也更容易变现的综合性社交平台上。这些网红将原有垂直小型平台上的粉丝导入微博平台，并继续以网红的身份吸引和黏住更多的粉丝，为社交变现奠定流量基础，然后通过自身影响力进行精准、高效的广告或电商营销，引导粉丝的消费趋向，进行社交资产变现。

2.1.3　网红经济模式背后的三大关键能力（如图2-5所示）

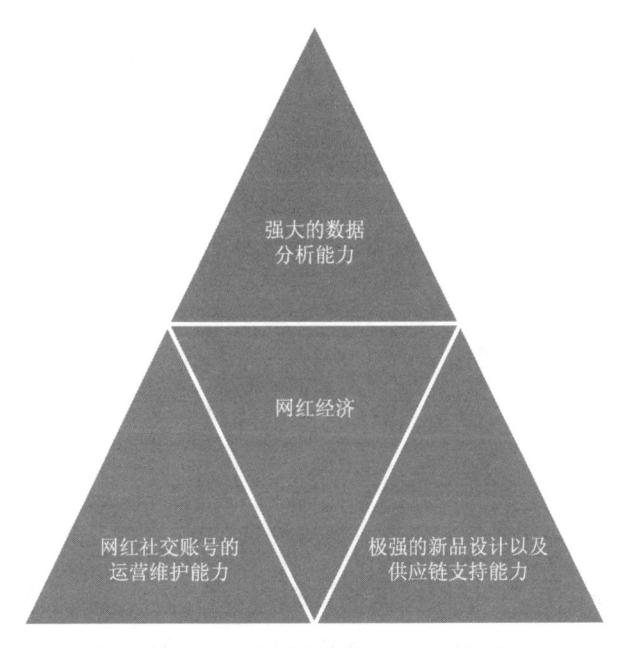

图2-5　网红经济模式背后的三大关键能力

网红营销是互联网时代一种创新性的品牌营销新路径，其核心卡位包括零售端与供应端。前者是以社交平台为基础，借助大数据技术挖掘、培养适合特定产品领域的网红，并通过专业团队对网红社交账户进行运营维护和管理；后者是指传统品牌商通过流程优化与再造，建立起能够及时对接个性化、快时尚消费端的供应链系统，从而有效感知和应对快速变化的消费需求。

（1）强大的数据分析能力

网红经纪公司要充分利用大数据分析技术，寻找最符合产品特质的网红。一方面，根据网红微博中粉丝的数量、类型、活跃度、转化率等情况，分析判断意向签约网红能否创造出预期的品牌价值；另一方面，还要对签约网红微博中粉丝的回复率、点赞率、回复内容等进行数据分析，以预判网红所推销商品的受欢迎程度，从而基于需求端组织产品生产，有效规避产能过剩或供不应求的风险。

当前，网红经纪公司大多具备一定的数据获取和分析能力，签约的网络红人也大多已经拥有一定人气。然而，随着网红经济的快速崛起，这些经纪公司必然会寻找、培育更多的网红，并对他们的社交账户和线上店铺进行运营维护，这无疑会对公司的大数据技术和资金实力提出更高的要求。

另外，网红是在不断的社交互动中产生的，所以其核心数据掌握在社交平台手中。因此，网红经纪公司通过大数据技术挖掘网红、预判网红产品热销程度的关键，还在于社交平台对网红数据的开放程度及应用水平。

（2）网红社交账号的运营维护能力

社交账户的有效运营维护是网红长久吸引和黏住粉丝的关键。在签约网红后，网红经纪公司一般会全面接管网红个人社交账户，通过专业化的团队进行更有效的运营管理，以始终保持网红与粉丝的高频、深度交互，建立起粉丝群体对网红的持久忠诚。

不过，与数据分析能力所遇到的困境一样，随着网红规模的不断扩大，网红经纪公司在运营维护网红社交账户时，也面临着不断增加的资金、技术、人员等众多方面的压力。

（3）极强的新品设计以及供应链支持能力

网红销售是一种精准、高效的销售新形态，能够为品牌商导入更多客户流量，并进行更高效的流量变现。然而，要想长久吸引和黏住用户，增强网红的持续变现能力，最终还是要回到产品本身，即通过供应链系统的整合重塑，构建出高效的新品设计和生产机制。

① 网红经纪公司的自主设计、生产能力，已经无法满足网红规模增长的要求。

网红销售是一种意见领袖买手制的导购模式，是基于网红本人对时尚潮流的敏锐感知，引导粉丝的消费选择，实现精准化营销。网红经纪公司虽然拥有专业的设计团队甚至生产能力，但随着网红规模的不断扩张、人力资源成本的上升以及消费者对时尚诉求的快速变化，网红经纪公司将越来越难以满足网红对供给端强大的设计与生产能力的要求。

因此，要想实现网红社交资产的持续变现、获取网红商业价值，还需要强大的新品设计与生产系统的支持，以满足粉丝快速变化的新品需求。

② 网红店铺新品销售的"闪购＋预售"模式，对供应链的快速反应和补单能力提出了更高的要求。

一方面，网红的优势是敏锐感知和把握时尚潮流，借助个性化的品位与形象展示引导粉丝的消费选择，然后通过小批量快生产的方式迅速上线产品。因此，从设计到生产再到最后上货，这些环节所需的时间在网红店铺发展中具有关键作用，特别是服装等快时尚、个性化的消费领域更是如此。

一个新产品能否获得消费者的认同和追捧，不仅需要在销售端敏锐地把握时尚风向和消费者心理诉求，还需要在供应链端快速反应，"快人一步"地进行设计、生产和上新，以便在日益激烈的市场竞争中占据先发优势。

网红店铺"闪购＋预售"的饥饿营销方式，对供应链的快速补单能力提出了极高要求。不同于以往大规模生产后进行销售的方式，网红店铺采取的是少量现货限时、限量发售，然后根据销售情况进行后期预售翻单的方式，真正实现了以销定产，极大地降低了产品的库存压力。不过，这种以销定产的模式必须以极强的补单能力为基础，以避免供不应求的窘境。

以服装行业为例，网红店铺的补单规模一般要超过初期备货的两倍，补单时间则不宜超过20天。同时，网红店铺中的客服、发货、售后服务等各环节也要为这种"闪购＋预售"模式提供有力支持，尽量避免因上新忙碌而造成的服务质量下降以及上新后的资源冗余。

虽然莉家、榴莲家、Lin家等国内知名网红经纪公司多是从优秀的淘宝商家转变而来的，可以借助原有的供应链系统有效对接生产商，也有着较强的议价能力。但随着公司旗下网红的不断增加，仅靠原有的供应链体系已经无法满足网红运营维护对供应链端的快速反应及补单能力的要求。因此，网红经纪公司需要拓展新渠道，完善供应链能力，以避免客户流失。

2015年大规模签约网红的一些店铺，评分都有不同程度的下降。其原因就在于，这些公司的供应链体系以及客服、售后等配套服务没有跟上不断扩张的网红规模，导致用户体验下降。而对于本质上是粉丝经济的网红经济来说，客户的不断流失将是灾难性的。

2.1.4 社群粉丝时代的"网红生态圈"

2016年4月21日，papi酱广告拍卖会如期举行，在经过一番激烈的角逐后，"丽人丽装"以2200万元的天价将papi酱的单条视频贴片广告拿下。之后，该消息迅速登上了各大新闻媒体的头条，与网红相关的话题再次刷爆朋友圈。

网红强大的变现能力毋庸置疑，他们有广大80后90后这一新生代消费主体作为支撑。但与此同时，资本注入网红也要承担不小的风险，因为网红的发展要依靠特定的粉丝群体，不同粉丝群体的忠实度、转化率等存在明显的差异。

（1）视频模式变现具有优势

本质上，网红经济是由互联网内容创业衍生而来的。2015年之前，国内较为火热的网红主要是微博中的段子手、电竞主播、时尚达人等。2015年之后，网络视频或网剧等形式受到了网红群体的青睐，大量优质视频内容不断涌现，成为信息共享的一大爆发点，而且海外网红群体的大量实践，也证明了视频模式变现的优势。

由于具有鲜明的特色，艾克里里已经成为短视频领域热度最高的网红之一，而其采用的变现方式也相对多元化。比如开设淘宝店，在视频中植入广告，出席相关活动等。其植入支付宝广告的一则视频，由于新颖有趣，不仅没有引起粉丝的反感，反而获得了10万左右的转发量。

现阶段，网红主要分为两种：一种是以自媒体、视频主播、段子手为代表的以创造内容为核心的网红，他们重点关注的是内容的创造，变现方式不固定；一种是以"卖货"为主的时尚达人，其产品主要是服装配饰、化妆品，通过电商模式完成变现。

未来，在社交媒体平台上能创造出具有较强影响力的视频内容的网红，将会成为资本追逐的对象。在网红生态不断完善的背景下，其内容创作将会更为专业化、细分化，所以与淘宝平台发展而来的网红相比，能够创造出优质视频内容的网红具有的商业价值要高得多。

（2）庞大的流量带来不容忽视的价值创造

估值过亿的papi酱的发展历程，给网红变现提供了一种全新的思路。事实上，在papi酱获得巨大成功以前，网红群体的变现方式主要是在电商平台上开设店铺。

以电竞主播为例，通常他们会在淘宝上开设服装、零食等多种店铺，并在直播过程中对这些店铺进行宣传推广。凭借较高的人气，其店铺销量可以保持稳定增长，部分电竞主播年收入能达到百万元以上。

在新浪微博上拥有超过430万粉丝的网红张大奕，经常发布服装搭配款式及潮流生活方式。2014年7月23日，张大奕开设的淘宝店铺完成一次新品上架，5000多件商品在两秒内被粉丝"抢光"，所有新品在3天内全部卖完。

网红经济在规模不断发展壮大的同时，也催生了许多网红孵化创业公司。部分网红孵化创业公司是淘宝平台上拥有较高人气的品牌商家，网红负责向粉丝进行产品推广，而产品设计、供应链管理、店铺运营及售后服务等则全部交给网红孵化公司负责。

自带庞大流量的网红，在价值创造方面具有明显的优势。在年度交易额达到上千万元甚至上亿元的背后，是社交媒体平台上海量忠实粉丝群体的支持。从某种意义上来说，网红在未来的发展潜力并不逊于明星、名人，他们通过自己打造的品牌，可以向粉丝群体进行产品的个性化及定制化生产，从而进一步提升转化率，最终实现价值最大化。

（3）与品牌方合作的收益获取方式

对以内容创造为主的网红群体而言，电商模式仅是诸多变现方式中的一种。

以拥有106万粉丝的自媒体人轰叔为例，其先是尝试进行了以"卖给好看的人"为口号的烤红薯O2O项目，随后又凭借在爱奇艺原创节目"奇葩说"中的亮相吸引了大量粉丝。目前轰叔的主要工作是品牌代言、参加综艺节目、出演影视剧等，暂时没有开设淘宝店铺的打算。

由此可见，以创造内容为主的网红的主要变现方式，并非是直接与粉丝进行交易，而是从品牌合作方、影视剧及综艺节目等制作方获取收益。类似轰叔这种拥有百万粉丝群体的网红出演影视剧或参加商业活动时，其出场费在几万元左右，与三线明星身价差别不大。

（4）投资网红要担很大风险

papi酱是国内首个获得投资的网红案例，这也向外界展示了资本对于网红变现能力及未来发展前景的认可。事实上，网红获得资本的关注是必然的，因为网红的粉丝群体主要是渐成消费主体的80后90后，这一群体是未来推动经济发展的主要动力，而连接这一群体的网红就成为消费场景的入口，由此会衍生出许多新的商业模式。

但对投资方而言，对网红进行投资需要慎重考虑。网红的粉丝群体通常局限在某一特定领域，网红的个性及创作内容的差异会导致粉丝群体的数量遭遇难以突破的瓶颈。此外，网红能否持续获得粉丝的关注，也是投资者不得不考虑的问题。以papi酱为例，其凭借优质视频内容吸引粉丝，但如果其创作能力下降，再加上粉丝的审美疲劳，必然会导致大量粉丝流失。

组建专业团队对网红十分重要，仅仅靠网红自己的才能，在一段时间后必然遭遇瓶颈，如果能组建团队，可以有效提升网红群体的生命力。网红团队中的运营人才，可以找到变现能力更强、成本更低的商业模式。选择与哪些品牌合作、采用何种变现方式、如何建立自有品牌等，专业的运营团队可以更加高效、快速地解决这些问题。

在网红经济蓬勃发展的背景下，一些投资者也将目光瞄向了网红孵化公司。莉家凭借签约"呛口小辣椒""管阿姨"等多个重量级网红而成为几家风投机构关注的焦点。杭州如涵公司签约了张大奕等知名网红，年度淘宝店铺总交易额达到5亿元，并于2015年10月完成了B轮数千万元的融资，投资方为君联资本及赛富资本。

网红变现方式的多元化与其创造的商业价值密切相连，而在变现过程中能否让粉丝获取价值，则决定了网红的持续变现能力。随着网红经济的不断发展，内容供应商、平台运营商、渠道合作商及投资商等越来越多的价值创造者将参与进来，使网红生态圈进一步完善。

2.2 揭秘网红商业：网红经济驱动下的商业模式变革

2.2.1 网红经济领域的三大投资机会

网红经济，简单来说就是网络红人在专业经纪公司的包装以及打造下，提升自己的形象以及曝光率，从而在社交网站上吸引粉丝的关注，并依托庞大的粉丝群体推广服饰等产品。这种营销方式尽管简单粗暴，却让人产生了无数的想象，吸引了众多上市公司的关注。

（1）社交电商逐渐兴起

随着网红经济的兴起，消费者的消费模式也开始发生变革。过去人们网上购物会集中在京东、淘宝等传统的电商平台，并且有明确的消费目标。如今出于对自己偶像的热爱，很多消费者产生了冲动消费，相对于传统的消费模式，冲动消费和粉丝消费有更大的发展潜力。蘑菇街（如图2-6所示）、美丽说、小红书等都是市场上具有代表性的社交电商平台，它们利用社交平台聚拢粉丝的功能，开展电商业务，实现了从粉丝力到购买力的转化。

图2-6　蘑菇街

社交电商的兴起主要得益于以下两方面的因素：

① 淘宝平台上的长尾卖家不能在平台上获得足够的曝光，因而难以吸引更多的流量；而销量较高的卖家需要缴纳高昂的费用，大大降低了卖家的利润。有了社交平台之后，这些卖家拥有了一个新的发展渠道，可以利用差异化和专业化的服务来吸引消费者。

② 随着移动互联网的高速发展和移动智能端的不断普及，移动端社交用户的数量实现了迅猛增长。根据微信提供的数据显示，有55.2%的用户平均每天打开微信10次以上，有接近1/4的用户平均每天打开微信的次数超过了30次。这些用户主要是年轻化的群体，他们富有个性，并且极易受到自己偶像的影响，购物需求呈现多样化的特征，购物时间较为分散。

年轻化群体的个性化消费需求在传统电商中无法得到有效满足。在淘宝、京东等电商平台上，消费者购物往往是基于自身明确需求的购物，而社交电商能够抓住消费者的"从众"和"追星"心理，促成冲动消费和粉丝消费。

而且，社交电商具有巨大的发展潜力。2015年上半年，小红书的成交金额突破了7亿元；2016年初，蘑菇街、美丽说和淘世界三家公司合并，而仅蘑菇和美丽说两家公司2015年的销售额就达到了200亿元。

（2）网红经济步入工业化

网红数量的不断增加，使得网红经济逐渐走向工业化。层出不穷的网红背后是专门包装和打造网红的规模化运营公司。这些网红孵化公司从供应链管理到客服和运营，都形成了一套成熟的运作模式，可以迅速包装网红并推向市场。步入工业化运营的网红孵化公司，在挑选以及培养网红方面已经有了相对成熟的体系，比如可以通过大数据预测哪一个网红将来能火，并最终决定是否对其包装以及以何种方式包装。

社交在电商红利期结束后，将会主动孵化和制造社交关系IP。过去，网红只要在社交网站上传一张PS后的美照就可以获得大量粉丝点赞；而如今，随着网红数量的飙升以及人们诉求的变化，简单的美照已经难以获得用户的垂青。只有更加全面、立体地展示个性化的自我，才会受到用户的关注和青睐。因此，未来的社交电商再也不能通过一张照片打遍天下无敌手，而是要靠系统化、流程化、精细化的运作才有可能取胜。

社交电商的这一转变将催生更大的新市场，比如2015年上线的达人通就是一个很好的案例。微博依托自身庞大的用户体系，顺应移动互联网的趋势推出了一个B2C2C移动社交分销平台——达人通，帮助商家迅速在微博、微卖上开店，并通过达人进行全网分销传播，为商家拓展更多的销售渠道（如图2-7所示）。

商家入驻达人通之后，在微博和微卖上进行产品展示，并依靠微博积累的庞大用户提高曝光率，从而获得买家以及网络达人的关注。商家设置好商品的价格及达人的销售提成之后，就可以招募微博达人帮助自己分销商品了。不过，达人通平台上分销的商品必须来源于淘宝、天猫和微卖。

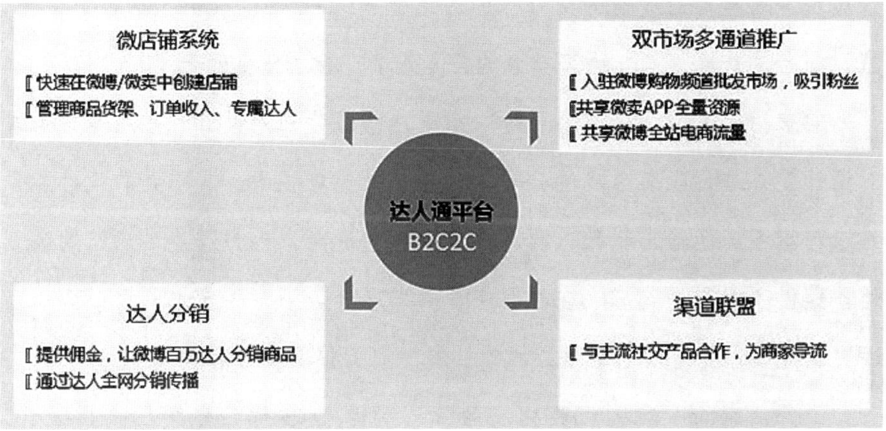

图2-7　达人通平台模式

（3）服装上市公司加码"网红经济"

社交电商的崛起最直接的受益领域是服装行业，因而一些服装上市公司借势快速融入网红产业链。

有着"网红概念第一股"之称的华斯股份，是切入网红产业链的典型代表，华斯股份主要经营裘皮服装的生产与销售。2015年5月，华斯股份发布公告称，公司计划通过成立有限合伙企业投资购买韩伯翰手中持有的北京优舍科技有限公司30%的股权，成为优舍科技的第二大股东。

优舍科技是一家移动互联网技术公司，公司的目标是探索和创新符合移动社交场景的购物平台，其旗下的"微卖"于2014年正式上线，并且推出一系列富有实际效益的功能和服务。微卖是一个以社交网络为传播媒介的电商平台，而华斯股份通过收购微卖以及与新浪微博建立战略合作关系，将2000多万拥有销售属性的博主收入麾下，在网红经济的发展中抢占了资源优势。

也因此，华斯股份赢得了多家投资机构的关注，根据其2015年的年报显示，入股华斯股份的主力机构已经增加到36家，其中包括社保基金、富国、上投摩根、易方达等知名的公募基金，持股比例达到40.55%。

广东柏堡龙股份有限公司是一家专注于服装创意设计，按照客户需求对设计款式进行配套生产的公司。柏堡龙的优势在于，其强大的设计能力可以源源不断地输出新款，同时，其服装制造能力也为服装供应链的顺利运作提供了重要的支撑。在网红经济的发展大势下，柏堡龙利用微博的巨额流量资源，与达人通联手，成为社交电商的重要参与者。

此外，家喻户晓的保暖内衣品牌"南极人"，顺应电商的发展大势，自创电商综合服务生态系统，并更名"南极电商"，借壳新民科技上市。在网红经济兴起之际，南极电商也启动了网红合作计划，并提出要通过"明星港商城"打造网红经济，未来可能会在孵化网红以及网红品牌等领域掺一脚，有望成为网红经纪公司的龙头企业。

2.2.2　透析网红经济的八大商业模式

如今，作为重要的社会现象，网红经济俨然成为一种潮流，那么这样一个全新的产业是如何变现的呢？下面笔者就从八个方面来概述其具体的商业模式。

(1) 广告

一般来说，网络红人大多会选择广告这一形式来实现盈利。首先，网络红人之所以能够得到网友的关注，是因为他们对内容有着非常强的驾驭能力，生产出的内容比较容易获得粉丝的认可；其次，多数网络红人的走红都是源自原创的小视频，如果进行广告植入，很容易给粉丝留下深刻的印象。

在原创视频中植入广告有两种基本的方式：一种是静态物体作为道具或背景出现；另一种是在后期制作时通过技术手段加入广告元素。

视频录制完成上传到微信公众号后，在公共平台进行编辑时，可以以文字或是图片的形式加入广告，如果这一广告有100万的浏览量，而一次浏览一毛钱，那么仅仅做一个单链接的广告就能够获得10万元的收益。

（2）发展会员、VIP及粉丝打赏

除了广告收入之外，会员、VIP以及打赏等获得的收益也在网红的收入中占比较大。一般来说，网络红人会通过制造热点等方式来吸引粉丝的关注，当粉丝形成一定的规模之后，他们就可以出售会员、VIP，虽然单价在几元到几十元之间，但是购买的人却有好几千。这样算下来，一个话题仅仅几十分钟就能够进账几万元，即便是扣除平台的抽成，也能有上万元。

网络红人创作出来的内容，浏览量很容易突破10万，虽然并不是所有人都会打赏，但是按照一定的概率来算，打赏的人至少会有八九百，通常金额最低2元，最高20元。如此一来，一个内容就能获得上万元的打赏。

（3）微电商模式

相较于前两者来说，微电商模式有一定的难度，必须对粉丝进行一定的引导才能实现。

被网友亲切地称为"罗胖子"的罗振宇，其实也可以算是一个网红。2015年，罗振宇凭借"罗辑思维"微信公众号产生了上亿的商品交易量。罗振宇每天都会在微信公众平台上推送一段语音,时间都正好保持在60秒,

粉丝通过回复不同的关键词获得链接内容，而这个链接里就是他们正在卖的产品。

目前，"罗辑思维"有近700万粉丝，如果每天打开公众号的粉丝比率为5%的话，那么每天打开回复链接的人就有30万左右，假如购买率为1%的话，那么就有大约3000人进行交易，交易额自然十分可观。

所以，就算较之广告或会员模式更为复杂，只要具备一定的能力，对微信、微博电商的操作有一定的了解，完成变现也并非是不可能的。

其实，上述3种模式都属于简单粗暴的类型，不需要花费太多脑筋，网红只需坚持做出符合粉丝喜好的内容，就能实现盈利。而接下来要说的5种模式则要考验网红及其运营团队的综合实力。

（4）形象代言人

形象代言人，听上去似乎是明星大腕的专利，其实越来越多的企业和产品开始倾向于选择网红来做形象代言人。不过，做代言人看上去简单，事实上需要注意的细节却非常多。

首先，必须要慎重选择代言的产品或企业。因为网红是有自己的风格与特征的，相应的，其粉丝群体也有一定的类型特征，如果代言的产品与二者无法匹配，将很难取得佳绩。

其次，报价问题。真正成为某一企业或品牌的代言人之后，就必须维护其形象，尽快地为代言的企业或品牌拓展市场。因此，应对自身的价值有更深刻的了解，进而推动自身的发展。

（5）网红培训班

网红经济如此火爆，使得很多个体和企业意识到网红经济的价值，那么办培训班，教那些想要成为网红的人"如何做一个成功的网红"必然有非常大的市场。"网红"这一概念真正火起来是在 2016 年，而按照移动互联网时代的规律，新鲜事物的火爆会持续一定的时间，因此，当下正是网红经济的黄金时代。

巨大利益的吸引，使得很多人都选择以此作为创业的方向。但是要成为一个成功的网红却不是一件容易的事情，一方面自身要具备一定的条件，另一方面则必须具备相关资源。

（6）商业合作、品牌策划与话题营销

这一模式需要运营团队有过硬的能力。在话题营销这方面，网红有着天然的优势。一个成功的策划必须对每一个环节的发展有较为精准的把握：一个话题营销可以从两方面着手，一方面不断发出正面评价且要保持上风；另一方面则要同时发出负面评价，二者可以形成一种争风，最终再做一个完美的结尾。此外，也可以进行环环相扣的设置，这样话题就可以呈递进式推进并持续升温。

如果一个网红有足够的粉丝群体和专业的运营团队，那么进行商业合作的收费标准就会比较高，而其所获得的收益也会非常可观。

（7）出演网络剧

随着网络技术的不断发展，网络电视逐渐进入大众的视野，开始抢占电视媒体的市场，而且因其门槛比较低、互动性比较强，颇得年轻人的喜爱。而网红的粉丝都在网络上极为活跃，如果他们喜欢的网红出演网络电视剧，他们自然会去追捧。

如今，网剧已经不再是粗制滥造的代名词，很多网剧制作精良，需要几百万元的投资。如果一个有表演功底的网红参演网剧，必定能够吸引其 50% 以上的粉丝，这样一来，该网剧就能取得不错的收视成绩。如果该网剧因此而获得了巨大的收益，那么参演网红的片酬和提成必然也会不菲。

（8）拍音乐 MV

在网红生产的内容中，视频与音乐最受粉丝追捧，而将两者结合拍出来的 MV 无疑也会受到粉丝的喜爱。而且，网红本身就是代表着草根娱乐，比较接地气，他们的 MV 不需要做成歌星那样的高水准，所以从拍摄到后期制作，所耗费的时间并不长。这样一来，网红们便可以频繁地推出新作品，也更容易得到粉丝的认可与喜爱，进而从中挣到钱。

如上所述是网红经济的八种商业模式。其实，还有很多其他的模式，随着网红经济的发展，其商业模式必定是多元化的，让我们拭目以待。

2.2.3 网络直播衍生出的商业模式

如今，网红已经不仅仅是新鲜词汇的一个代表，更是时代发展的代名词。网红指的不仅是一类人，还是一种生态、一种经济模式。

现在，成为"网红"并不是一件多困难的事，在移动互联网已经广泛普及的当下，只要拥有一个直播 APP，就可以向公众进行网络直播。照这样发展下去，如今已经初具规模的网红经济模式必将得到进一步的发展与壮大。

（1）网红的聊天室时代

其实"网红"由来已久，在 2008 年之前，就已经形成了一股潮流，只是存在的范围并不大，公共聊天室就是其中之一。

在互联网出现的早期阶段，公共聊天室是一个不得不提的存在，它为当时的人们提供了一个全新的交流平台，吸引了大量网民。据相关数据显示，2002 年前后，在规模较大的网络公共聊天室里，每天在线人数有上万人，并且是同时在线。正是这样的摇篮培育出了第一代网络主播，也正是这样的温床才创造出如今颇具规模的秀场模式，以及大行其道的粉丝经济。

那时，即时通信软件才刚刚兴起，并没有如今"摇一摇"这样的陌生人交友方式，网民要想与陌生人进行交流、认识新的朋友，公共聊天室是最好的选择。而网友们能聚集在一起聊天、唱歌，也是因为有一位主持人在把控全场。

然而，公共聊天室虽然火爆，却是昙花一现。从2003年起，互联网巨头们陆续地关闭了这种交流平台。究其原因有三：其一，这种交流平台并不能提供太多的附加服务，而新兴的即时通信软件又席卷而来；其二，维护成本太高，没有合适的盈利方式；其三，各网络公司对这种交流平台的管理并不完善，很容易出现藏污纳垢的现象，或是有色情内容，或是暴露网友隐私等。

尽管这种交流平台走向了衰落，但是"网红"却没有随之一起衰落，只是这一词语在彼时还不热门。那时，整个互联网行业处于发展的上升期，但视频网站却是个例外，因为很多人不看好其发展前途。当时，视频领域内最火爆的是"9158模式"。

所谓9158，是一家网络视频卡拉OK平台，平台上有一批长相漂亮的女主播，她们通过唱歌、跳舞等各种方式来吸引网友关注。网友成为她们的粉丝后，会为其购买虚拟礼物，而她们则可以从中获得80%的分成，9158平台获得20%的分成。凭借于此，9158平台获得了巨大的收益，仅2012年就有了10亿元的营收。

当时，除了一线的视频网站之外，二、三线的视频网站都投向了"9158模式"的怀抱。而这种模式就是秀场模式的前身，到现在还处于流行的前线。

（2）粉丝多，吸金能力强

从视频网站转型而来的六间房真人互动视频直播社区就是其中的一个典型代表，在这个平台上有许多身负各种才艺的年轻人，他们通过"网络直播"的方式进行才艺的展示，并且与关注自己、喜欢自己的粉丝进行互动。

据相关数据显示，与六间房签约的主播已经超过了5万人，而其日用户覆盖数有1000万，日页面浏览量有8000万，2015年有15个主播的收入超过100万元。

对于传统互联网公司来说，1000万的用户覆盖数根本算不了什么，但是对于作为秀场的六间房来说，这1000万人所产生的消费能量是难以估量的。六间房的主要盈利，来源于用户购买的虚拟礼物，包括虚拟鲜花、虚拟蛋糕、虚拟跑车、虚拟飞机等，而不同的虚拟物品对应着不同价值的虚拟货币。

这样的业务模式并不复杂，简言之就是签约主播在线上唱歌，粉丝在线上打赏。然而，仅仅如此，这些主播们挣到的钱就已经达到了令人咋舌的数目。实际上，一些不太知名的歌手即便是开了现场演唱会，也很容易出现既不叫好也不叫座的情况。而那些人气较高的主播，只是在线上开个网络歌会，就能通过粉丝购买的虚拟礼物获得不菲的收入。

对于消费的粉丝、网友而言，他们并不只是为了听歌或是看节目才上线的，更多的是为了打造自己的社区。他们一开始消费只是为了送礼物给自己喜欢的主播，后来则是为了自己在这一社区里的发言权。

（3）直播场景更加广泛

随着经济的不断发展，生活节奏也在不断加快，人们相应产生了大量的碎片化社交、消费的需求，比如，满足自己的兴趣爱好、学习、与朋友分享情感等。这样一来，就需要有大量的与之对应的内容与场景来满足人们的这些需求。

在这样的形势下，移动终端的直播应用应运而生，而一些传统的音乐播放器应用以及音频聚合平台等也开始对这一领域进行探索。

其实，虽然终端发生了改变，但是盈利方式、直播方式仍然一如既往，只不过场景与内容变得更加丰富了：直播的地点不再唯一，变得更为多样化；内容也不再单调，除了唱歌聊天之外，还加入了更多生活中的其他细节。

除此之外，网络红人这一群体也随之发生了变化，那就是每个人都能进行直播。比如著名的考拉FM推出了"人人直播"的概念，让每个人都有可能成为新闻事件的第一爆料人。"直播"这一形式已经开始影响每个人的生活，并对所进入的行业进行潜移默化的改变。

2.3 网红孵化器：网红经济背后的流水线运作模式

2.3.1 网红孵化器：网红崛起的重要推手

如何理解"网红孵化器"的概念？"网红孵化器"从根本上来说就是互联网电商企业。这类企业通过与网红合作，承担包括网店经营、产品供应、质量保障、售后服务等环节的工作。随着网红经济的发展，网红孵化企业也应运而生，比较知名的有榴莲家、网推天下等。

在具体运营过程中，网红的主要任务，是与粉丝进行互动交流，在粉丝有需求的基础上进行产品的宣传及推广，孵化企业则负责除此之外的其他环节，二者协同发展。如今，网红与企业合作的现象越来越普遍，网红也由最初的个人运营转变为团队经营乃至企业经营，逐渐建立起完整的服务体系。专业运营能够更好地把握市场需求，使网红在短时间内吸引大批粉丝，同时，网店的产品开发及供应也能更加高效。

比如时下受人追捧的网红"大金"，她是一个普通的90后女孩，在2012年开了自己的淘宝店之后，与网红孵化企业莉家达成合作关系，得到莉家提供的产品开发、物流等各个方面的支持。经过专业打造之后，"大金"

的粉丝数量不断上涨，在此基础上，其店铺的销售额也迅速提升，一年之内就达到了上千万元。

网红经济正处于快速发展阶段，但从宏观的角度来看，目前还未进入成熟状态，未来会有越来越多的红人涉足该领域，因此，网红孵化企业的市场需求也会逐渐上升。通过签约网络红人，孵化公司的竞争优势日渐明显。例如"莉家"孵化公司与"呛口小辣椒""大金"等联手，不仅运营了多家销量领先的网店，还吸引了众多投资人的目光。

淘宝平台对大数据资源的分析与处理，能够为网店经营者提供精准的参考，便于其挖掘用户需求。从某种程度上来说，其商业价值甚至超过流量本身。通过淘宝大数据的应用，网红能够更加准确地把握用户痛点。比如通过统计图片浏览量，筛选出那些对用户有强大吸引力的图片，再参考相关产品的销售数额及其他信息，便对用户需求有了更深入的了解，以此为经验再进行相关品类的营销与推广。

为了更好地适应网红经济模式，淘宝平台会在产品开发、宣传渠道等方面为网红店铺的经营提供便利。例如，根据网红店铺的需求，淘宝平台会为其提供符合其风格特点的产品，同时，淘宝平台还会通过星店、人气店、iFashion频道等传播方式帮助网红扩大宣传范围。

（1）签网红如同签艺人

一般情况下，网红孵化企业中设有专门的职位，负责联系有潜力的网络红人，并代表公司与她们签约。工作人员会统一收集这些红人的资料，详细了解她们的特点、优势及个人运营能力。在具体合作过程中，签约网红与签约艺人有很多共同之处，网红孵化企业会根据对网红能力的综合评估（包括年龄、未来的发展走势、吸粉能力等）来决定双方的合作时间，通常维持在 5～10 年。

有的网红虽然外表非常引人注目，但其本身的个性化特点不是很明显，这时，与其合作的网红孵化企业就会通过专业团队的运作提升网红的影响力，包括为其打造专属的微博内容、拍摄能够吸引粉丝的网络视频节目，还有其他各种形式的广告营销等。

除此之外，娱乐圈中的一些知名公众人物也开始尝试这种合作模式。比如佟丽娅、吴昕、罗志祥等明星都有自己的淘宝店，其运营过程都少不了孵化企业的支持。

（2）预售模式改造供应链

近年来，预售模式被越来越多的网红店铺和孵化企业运用到了商品销售的过程中。网红在与粉丝进行沟通交流的过程中，把握用户需求及用户对商品的反馈信息，并将这些信息反映给孵化企业，孵化企业则负责及时调整运营结构及流程，不断满足用户对产品、物流及售后等方面的需求。具体而言，网红根据自己对时尚潮流的把握进行选款，之后由生产商制作商品的样品，网红以图片形式上传到微博等社交平台上，将商品信息传递给粉丝，并对粉丝的意见进行统计，由此推算订货量。

预售模式的运用能够有效减少店铺的货物囤积，但商品的物流运输环节却会消耗更多的时间，影响消费者的整体体验。例如，由于店中缺乏现货，用户在下单一个星期甚至两个星期后才能收到产品，这使很多消费者颇为不满，最终选择退货并向店主抱怨。相比于采用预售模式的网店，现货经营的店铺退货率要低 30 个百分点。

虽然说行行出状元，但在网红竞争日趋激烈的今天，能够真正获得成功的人毕竟只是所有参与者中很少的一部分。网红孵化企业纵然能够以专业化的运营提供各个方面的保障，但从最初的影响力打造到粉丝效应的形成，中间需要足够的资金支持，而且，经济收入的分配权掌握在孵化企业而非网红个人手中，这就导致网红实际到手的收入大大减少。

除此之外，随着加入网红行业的新人不断增多，规模化的网红培育必然导致同质化问题严重。为了从茫茫人海中脱颖而出，网红必须改变僵化的思维模式，不断凸显差异化特征及自己的优势。

网红经济模式是在电子商务与社交平台的融合发展下出现的，如今，不少传统企业正在进行改革，企图利用互联网思维模式过渡到移动社交电商领域。这类企业应该积极学习网红经济的发展经验，尽可能地减少改革过程中的阻力。总体来说，网红在整个过程中扮演着助推器的角色，他们作为流量入口，能够吸引众多粉丝并激发其消费欲望。但从长远来说，专业团队面临更大的考验，因为他们需要负责网红整体形象的打造并保证日常经营。

2.3.2 造星计划：网红孵化器的四条运作路径

随着网红经济的兴起，网红孵化作为一种新业态涌现出来。为了显示自己的竞争优势，孵化企业纷纷推出网红新星，那么，他们的造星计划有什么规律可循吗？

（1）筛选朋友圈意见大咖，到自建平台集中培育

微信里的好友数量不能超过 5000 个，如果这些好友中多数在现实生活中也互动交流，彼此之间的关系比较密切，认可度也较高，这样在微信朋友圈中开展商务社交才能正常运营。随着微信应用的不断普及，各种形式的微信社群、微商以及自媒体逐渐在微信平台兴起，随之而来的，是活跃在各个领域的意见领袖。比如微商达人、自媒体达人等。相比于一般的社交平台，微信朋友圈诞生的意见领袖与粉丝用户之间的互动更加频繁，用户的信任度也更高。

网红孵化公司利用微信平台的优势，从中找出具有发展潜力的合适人选。比如销售能力杰出、能够成熟运营团队的微商；拥有众多粉丝支持的社群创建人或形象代表；能够抓住用户的兴趣点并能创作优质内容的自媒体等。孵化公司会对他们进行专业培训，最终将其打造成网络红人。

以营销工具PICK为例，该工具适用于在微信朋友圈做商品推广的微商，能够使微商与目标客户更好地匹配。PICK主要负责对微商的营销技能进行指导，使他们进一步了解时尚潮流及搭配方法，以便能够更好地抓住消费者的需求。

微商在加盟PICK的时候，可通过趣味测试明确自己的兴趣与日常生活规律，并以此为参考选择适合自己从事的产品营销。PICK对消费者的需求信息进行统计，利用智能推荐技术对微商的营销方案进行指导。相比于普通微商，网红的品牌影响力更大一些，更能激发消费者的购买欲望，网红孵化器的作用便是促成微商转化为网红。

采用这种模式的孵化公司能够抓住微商的需求，促使其加入自己的培训计划中。而在培训过程中需要注意的是，应打破传统思维模式的束缚，不能只关注商品销售，还要注重内容及价值的输出，只有这样才可能完成从微商到网红的过渡。

（2）筛选微博电商红人，实现淘宝引流

微博平台上从来不乏各个领域的意见领袖，很多人凭借自身的魅力吸引了大批追随者。在共同兴趣爱好的作用下，各个细分领域的红人诞生了。通过微博平台传播的信息形式多样，包括文字、图片、音视频等，同时，微博具有更大的开放性，用户之间的联系不是十分紧密，因此，电子商务、影视娱乐、游戏都可以利用微博进行推广。微博的生态覆盖范围更大，发展空间也就更大。很多网红利用微博平台输出个性化鲜明的信息，吸引众多粉丝的关注，再将流量转移至淘宝店铺中。

孵化企业从微博平台中选出号召力强、与粉丝互动频繁、具有强大凝聚力的红人进行专业培训，采用团队化运作打造其品牌形象，侧重于提高其变现能力。经过层层选拔后，留下那些能够挖掘粉丝商业价值的网络红人，以此提高企业及网红的市场竞争地位。

在这方面做得比较好的孵化企业是如涵电商，该公司与微博红人达成合作关系，为其提供包括产品开发及设计、货物运输及物流等方面的服务。另外，还提供各方面的资源支持，形成从最初的内容生产到电商经营的一整套服务体系。

这种孵化公司要求网红具备很高的专业素质与能力，其粉丝数量需达到几十万。另外，网红必须能够以粉丝喜欢的形象将信息内容表达出来。

（3）顶级淘宝商家转型：孵化淘宝模特

如今，很多电商网红都是从最初的淘宝模特（淘宝女郎）发展而来的。在传统经营模式下，模特的作用主要是通过形象展示对商品进行推广，随着互联网的普及，模特的重要性也日渐突显。模特本身的良好形象能够对品牌的整体发展起到巨大的推动作用，并促使商品的销量大大增加。也就是说，模特的商业价值能够进一步得到开发和利用，从模特转型为网红，也是其商业价值进一步开发的体现。

有经验的淘宝经营商不仅意识到淘宝模特能够给店铺带来的巨大价值，还知道如何打造并经营淘宝模特，如何保证整个产业链的正常运转。因此，经验丰富的淘宝店能够在把握市场发展趋势的基础上，从中筛选出具有潜力的淘宝模特，通过建立网红孵化公司，将自己的平台、资源优势与淘宝模特的个性化特征相结合，推出符合粉丝口味的电商网红。

在这方面做得比较好的是榴莲家，该公司不仅推出多个网红，还成功引来投资人的目光。当网红在台前吸引粉丝时，榴莲家就在台后负责产品供应、店铺经营、客服等，双方通力合作。

对于网红来说，要进入这样的孵化公司并不是一件容易的事情，他们需要有从业经验，还要是同行中的佼佼者。

（2）科技圈意见领袖转型：培养网红

当某个产业形态呈现出良好的发展势头时，就会成为某些专家、意见领袖、业内人士的分析对象。这些人通常在某个领域从业多年，有丰富的理论知识，对商业运行模式有深入的研究，手中掌握着各个领域的资源（如企业、研究机构、媒体等）。他们以一个资深授业者的身份出现在人们的视野中，利用社交平台发布课程推广信息，以音频或视频的形式为用户讲解专业知识与技能。他们能够通过独特的视角与信息的传达，开启用户的新思路，指引他们找到自己的发展方向。

科技领域的意见领袖站在时代科技发展的最前沿，他们能够感知商业的发展动态，对当今的科技发展形势了如指掌。因此，他们能根据当前的发展状况，给出经营者极具价值的建议，帮助其在短时间内成功转型。

这一类型的网红孵化公司能够从宏观的视角看待科技行业的发展，他们的运作模式有一定的规律：一般来说，首先要了解网红本身的风格、优势、短板，接下来推出有针对性的培养计划，提供各方面的资源支持，突出其优势方面。该类网红孵化公司能够从整体上来分析整个行业的发展状况，将多种因素的变动及影响考虑在内，因此，能够更加准确地分析出网红经济的未来走势。

2.3.3 如涵："供应链+代运营+经纪人"模式

专业网红孵化公司的出现，为火热的网红经济增添了新的发展动力。在信息过载的时代，网民的注意力被过度分散，要想在激烈的竞争中脱颖而出，网红不仅需要自身有一定的才艺，还需要借助专业的团队或公司对其进行包装、培养，制造一些热点话题，这样才有可能成功吸引大量的粉丝群体。

现阶段，国内的网红经济市场日渐专业化及细分化，其中，作为网红孵化公司的杭州如涵贸易有限公司（以下简称如涵）经过几年的发展，已经成为国内网红经济创业公司的典型代表，其运营模式与传统模式有很大不同（如图2-8所示）。

传统模式	网红模式
选款	样衣拍照
上新	粉丝反馈
平销	打版投产
商业流量	上架淘宝
销售	

图2-8 传统模式VS网红模式

（1）如涵：网红经纪龙头公司

定位为网红电商综合服务平台的如涵，如今已经完成了数千万元的B轮融资，此次融资由君联资本领投，赛富亚洲跟投。

2012年，如涵公司正式成立，最初主要致力于发展其自建淘品牌"莉贝琳"，后来如涵签约了许多网络红人，并帮助他们创立原创品牌，完成价值变现，其中最成功的案例当属 2014 年帮助平面模特张大奕建立的独立品牌"吾喜欢的店铺"。在如涵帮助网红打造的淘宝店铺中，有的店铺在 2015 年的成交额增幅高达 5 倍。

如涵在帮助已经签约的网红更好地完成价值变现的同时，也在积极寻找有发展潜力的新人，以便未来将其培养成新的网红。截至 2016 年 3 月，如涵平台已经签约的网红中有将近 50 人开设了淘宝店铺。这些淘宝店铺通常由如涵负责日常运营，网红负责营销推广。预计到 2016 年年底，如涵旗下的淘宝店铺将增长到 100 家以上，其签约的网红的粉丝数量累计将超过 2 亿人。

（2）如涵商业模式：供应链 + 代运营 + 经纪人

如涵将其商业模式称为"供应链 + 代运营 + 经纪人"模式。其中，供应链主要是指如涵自建供应链管理体系，可以通过自己建立的工厂直接输出网红店铺需要的各种商品；代运营则是指如涵为网红店铺提供代运营服务，全面负责其店铺日常经营、产品上新、售后服务等；经纪人是指如涵会对签约网红进行培养，帮助其吸引粉丝、与品牌商进行合作等（如图 2-9 所示）。

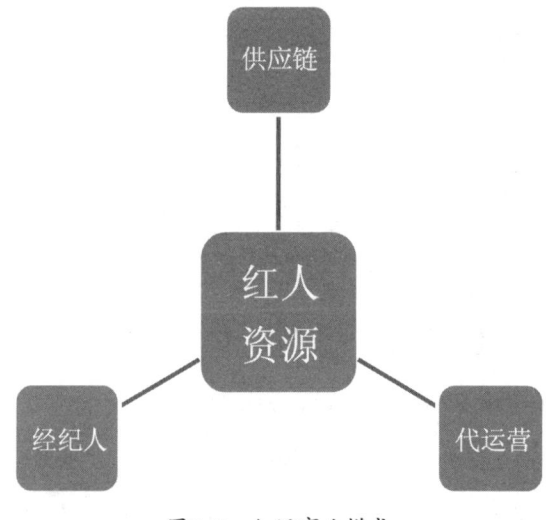

图2-9　如涵商业模式

确实，网红群体在价值变现方面具有广阔的发展前景，但其在供应链管理及商业化运营方面的缺陷也十分明显。网红在社交媒体平台上拥有一呼百应的号召力，如果能有专业的公司帮助其加以利用，必然能产生巨大的经济效益。

如涵在发展初期建立的淘品牌"莉贝琳"拥有的诸多资源，为其进行网红店铺供应链整合提供了强有力的支撑。最受网红青睐的变现方式，是借助其自身在社交媒体平台的影响力建立电商品牌，而如涵在服装电商品牌运营方面的资源优势正好可以最大限度地发挥作用，它能帮助网红实现覆盖产品设计、打样、生产、仓储等多个流程的供应链管理服务。

店铺代运营能帮助网红从烦琐的店铺运营中解脱出来，使其可以将精力放在优质内容的生产及与粉丝的互动上。网红的店铺将由如涵管理物流、上新、客服、财务、美工等各种事务。此外，由于目前人们在消费过程中更加注重情感体验，所以，提供更为专业的店铺运营服务，成为网红电商得以持续创造价值的基础。

如涵具有的经纪人功能，可以让网红更好地管理粉丝关系、有效地进行营销推广，并处理一些公关危机。如涵还在不断地挖掘、培养新的网红，以使企业长期保持领先优势。

和其他专注于网红淘宝店铺代运营及供应链管理服务的网红电商平台相比，如涵以更为多元的广告营销、品牌塑造、内容制作等手段，帮助网红打造了竞争能力更强的原创IP品牌，并且借助完善的供应链服务，帮其在电商平台上快速而高效地完成了价值变现，形成闭环生态。

（3）如涵的缺陷：电商行业的重资产

如涵在网红经济崛起的时代成功地从激烈的竞争中脱颖而出，但从长期看来，如涵在服装供应链及电商品牌运营方面的不足，很可能会成为限制其进一步发展的一大阻碍。

如涵在上游服装供应链中涵盖了产品设计、打样、生产、仓储等诸多环节，签约几十名网红的规模还不会让如涵感觉到成本压力，但是当签约网红的规模发展到几百人甚至上千人时，迅速增长的人事成本及设计与制造方面的成本，会让企业的盈利能力遭遇断崖式下跌。在社会化大生产的背景下，网红孵化公司将自己的设计、生产、物流等环节外包给专业的公司，将会成为主流的发展趋势。

如今，如涵旗下签约的每个网红都有一个淘宝店铺，而且每个店铺的产品款式多样，这就导致如涵无法开展针对不同消费群体的柔性供应链模式。与那些更为专业的电商运营平台相比，如涵在店铺运营、战略咨询及 UI 界面优化等方面的劣势，对其未来的发展也将产生一定的负面影响。

2.3.4 Lin：用品牌模式运营网红店铺

与如今大部分网红孵化器相比，Lin Edition Limit 的起步要早很多，早在 2012 年，它就已经走上了网红孵化的道路。

在 Lin Edition Limit 的整个团队中，创始人张瑜负责后端，他热衷产品的研发，并拥有涵盖完整供应链的家族企业；张瑜的妻子 Lin 负责前端，她不仅是专业的设计师和买手，而且非常擅长管理与决策。

在 Lin Edition Limit 品牌创立之前，Lin 已经是名副其实的网红，其漂亮的外貌和不俗的品位，使她收获了近百万粉丝，而她开设的女装淘宝店的年销售额更是高达千万元级别。于是，在淘宝店成功运营的经验引导下，Lin Edition Limit 品牌正式创立，并形成了一种全新的网红店铺运营模式：用品牌模式运营网红店铺。

与一般的网红店铺先积累流量再寻找供应链的方法不同，Lin Edition

Limit 自带供应链。不过，为了更好地匹配网红店铺的运营，Lin Edition Limit 对传统的供应链进行了改造，从原家族企业供应链中挑选技术骨干重建了一条独立的供应链，而这也使其店铺具有比其他网红店铺更短的预售期。

在 2015 年 4 月的一次上新中，Lin Edition Limit 准备的现货量仅有全部销售量的 10%，这就要求供应链必须在短期内将剩余的 90% 货品完成，并尽快送到消费者的手中。不过，要完成这一进度就不能对面料等影响生产的因素进行特殊化定制，不然也会面临比较大的失信流失压力。

作为掌控整个运营前端的 Lin，非常擅长从销量、评论以及反馈等信息中挖掘用户的需求。在社交平台上，Lin 并不过多对自己进行包装，与粉丝进行互动的时间也相对较少，这是因为 Lin 的粉丝主要是长时间追随的群体，而且 Lin Edition Limit 品牌的主要客户群体是海归以及其他消费能力较高的女性，这个群体的对产品的要求较高，做出购买决定更加果决，并不特别热衷交流。

另外，针对这个客户群体，Lin Edition Limit 产品的主要拍摄地点定在其客户群体经常出入的五星级酒店，与其他网红店铺在国外拍摄形成一定的差别。

除了所有女装店铺都比较重视的设计、款式、性价比等因素外，Lin Edition Limit 对用户尤其是 VIP 用户的体验和维护极其重视。比如设立线下 VIP 展示厅，为会员提供更好的产品预览服务；对至尊 VIP 用户提供针对其身材和喜好的个人服装定制服务；为减少库存的处理以及产品折扣活动等（如图 2-10 所示）。

为了提高产品的供应链反应能力，Lin Edition Limit 将生产公司的管理结构进行了改革：改变原先流水线式的大生产线，将整个生产团队分割成三四人一组的小组，从而满足店铺多种款式小批量生产的模式。

经过一段时间的磨合后，Lin Edition Limit 的供应链不仅能够满足自己店铺的销售情况，而且可以为其他网红店铺提供供应链服务。

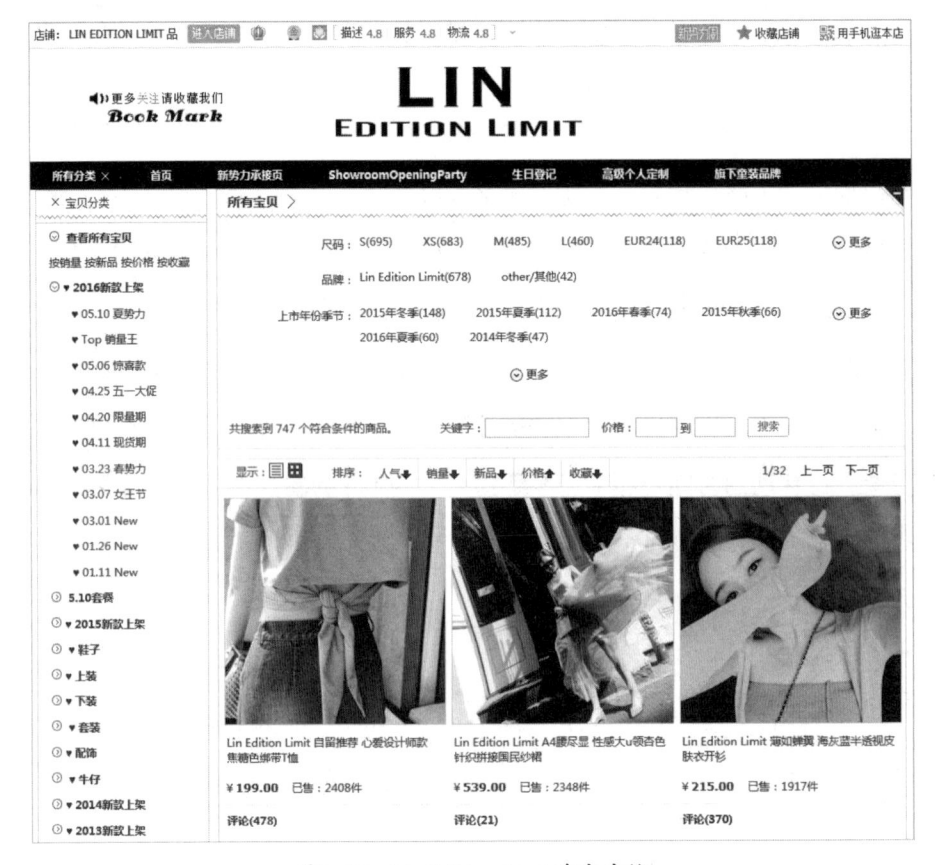

图2-10　Lin Edition Limit淘宝店铺

如今，Lin Edition Limit 在淘宝上已经成为一个拥有金冠的 9 年老店，为了进行全产业链的发展，Lin Edition Limit 也开始签约网红。对于网红的选择，Lin Edition Limit 坚持两条原则：其一，与个体的外貌相比，其忠诚度更加重要；其二，签约的网红并非越多越好，运营团队和供应链要与网红的数目相匹配，才能保证运营效果。

瑞丽的合作模特、时尚博主王翔就是 Lin Edition Limit 签约的网红之

第二章　深度揭秘网红经济背后的商业模式及产业链

一，由于双方合作的默契度较高，其合作店铺"ITGIRL 限量定制"已经成为拥有三皇冠的店铺（如图 2-11 所示）。

图2-11　"IT GIRL限量定制"店铺

089

第三章

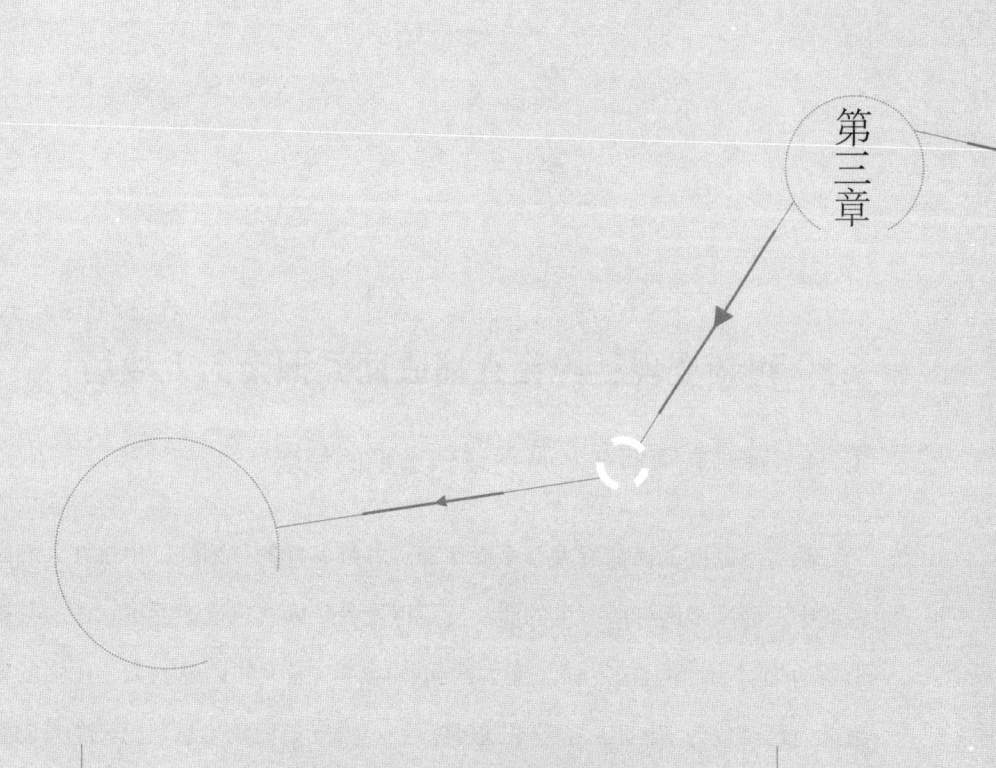

网红变现：如何打造
多元化的盈利渠道

3.1 视频变现：视频直播成网红掘金的主战场

3.1.1 视频直播时代：从秀场到造星的蜕变

随着互联网的高速发展及全面覆盖，各种各样的"网红"出现在人们的视线中，而围绕网红所产生的商业链条以及盈利模式也逐渐浮出水面，并被形象地描述为"网红经济"。庞大的粉丝群体、强大的话题能力、超强的变现能力已经成为"网红经济"的重要标签。将成名变成生意、用一个月的时间赚10年的钱，这是依托互联网崛起的网红所面临的重要机遇。

曹安娜是一位小有名气的"网红"，她在视频直播平台"来疯"上有6万多粉丝。她在直播时，有上千名网友在评论区疯狂点赞，屏幕飞快地滚动，短短几分钟，她就收到上千件礼物。她曾经在3个小时的单场直播中最高收到过价值26万元的礼物，其中有70%来自她的核心粉丝。

三年前，曹安娜还只是个房产中介员，月薪1500元，如今，曹安娜靠做直播、游戏代言、参加演艺活动等，每个月的收入能达到20多万元。事实上，网络上还活跃着几十万个像曹安娜一样的主播，一次直播的时间大概是2～3个小时，在直播过程中基本上要一刻不停地说话，一般就是程式化地聊天，中间会穿插跳舞、唱歌等节目。

除了做直播，曹安娜还在公司的安排下做兼职模特、拍网络剧、为游戏代言，并开始朝着影视的方向发展，这让曹安娜与其他网红主播逐渐拉开了距离，成为"网红"中的佼佼者。

曹安娜从房产中介员到当红女主播的经历，只是当下"网红"产业发展的一个缩影，像曹安娜一样因此改变命运的网红不计其数，这不仅证明了"网红"市场巨大的发展潜力，同时也创造了一种新的经济形态。同样火起来的还有一个名叫"papi酱"的网红，papi酱自称是"集美貌与才华于一身的女子"，与多数女性网红注重妆容和服装不同，papi酱通常素颜出镜。她将当下最热门的问题，用吐槽的形式透过现象看本质，让人醍醐灌顶，因而受到了众多网友的追捧（如图3-1所示）。

图3-1　papi酱的微博

目前，papi酱的微博粉丝已经超过了1200万，视频点击率更是突破了千万大关。作为"2016年第一网红"，她走红的速度不禁令人咋舌。网红群体的强势崛起，充分利用了移动互联网的优势。与传统的造星培养模式不同的是，网红可以在短时间内迅速成名，并且具有强大的变现能力。

3.1.2　时尚博主在视频直播平台的获利渠道

随着网红的兴起，网红店铺也在市场上蔚然成风，在淘宝平台上，网红店铺的数量已经超过1000家，排在前10位的网红店铺年销量都已经突破亿元大关。排在销售额榜首的店铺由一位名叫"雪梨"的女孩经营，这个女孩除了是淘宝店铺的美女老板外，还有另一个身份——王思聪的女朋友。2015年"双11"当天，她的店铺完成了12万笔订单，销售额达到2000万元。

微博上的段子手"天才小熊猫"，凭借自己的才华坐拥500多万粉丝，他的单条广告创意微博报价已经达到6位数。作为业界公认的段子手"一哥"，小熊猫有一条非常独特的工作原则：不保证传播效果，不接受甲方修改意见，只接受打包价格（如图3-2所示）。

随着网红影响力的不断提升，各大品牌开始邀请当红博主为品牌作宣传，知名时尚博主gogoboi就经常受邀参加各种国际顶级活动。靠调侃星座火起来的"同道大叔"拥有500多万粉丝，目前已发展成为独立运作的公司，未来或将踏足影视产业。

网红力量的崛起，让越来越多的企业意识到网红这股潮流所带来的巨大商业价值，并且成为这一股力量的忠实追逐者。就连一向以"保守稳重"著称的Louis Vuitton也开始尝试打破常规，将电子游戏《最终幻想》中

19岁公主的虚拟形象定为2016年春季的代言人，并颠覆传统发布会的形式，将发布会办成了一个Cosplay舞台，吸引了众多观众的眼球。

图3-2 天才小熊猫微博

Cameron Dallas是一位靠拍摄无厘头搞怪视频在网络上火起来的网红，他只有21岁，但是在Instagram、Twitter、Vine和YouTube上却已经拥有近3000万的粉丝。

上述这些网红可以归为全职从业的"正规军"，除此之外，还有来自各个领域和平台的业余网红，他们在美拍、秒拍、映客等短视频平台发布自己拍摄的短视频，他们当中既有乡村创作歌手、城市打工妹，也有中年大叔以及搞笑萌娃。在这个娱乐爆炸的时代，只要你有特点、足够吸引人，就可以获得海量的关注。

从本质上来说，网红可以被划入新一代知识工作者的范畴，他们与传统明星最根本的区别就是成名的平台不同。不管是淘宝店主、微博段子手，还是时尚博主，他们都可以被称为"网红"，他们靠自己的天赋以及幽默风趣的表达方式获得了一大批粉丝的喜爱，进而加快了互联网红利的变现速度。

有些网红除了获得实在的真金白银之外，还在各自的领域确立了意见领袖的地位。尽管他们只是在自己的圈子中知名，但这丝毫不影响他们对粉丝的控制和影响力，其所发挥的传播价值也得到了众多品牌的认可。

网红力量甚嚣尘上的潮流吹响了时代变革的号角，网红产业的崛起颠覆了传统受众接收信息的习惯，传统的内容生产方式逐渐被润物细无声的方式所取代，并升到一个新的高度。网红已经完成了从"网络红人"到明星的蜕变，未来的明星或将实现"网红化"，逐渐走进大众群体中间，并充分发挥移动互联网的作用来提升影响力。

目前，网红已经成为引领时代潮流的一股新生力量，并且受到了众多投资人的关注。

艾企锐公司在很早以前就发现了网红潜在的利益空间，并将包装网红当作业务重点。同时，它也是最早寻求变现的公司之一，而今它已从网红产业的发展中获得了丰厚的回报。当红主播曹安娜就是它旗下的艺人。

2009年，艾企锐公司内部创立了"中樱桃"艺人经纪品牌，专门为游戏公司打造"showgirl"，为游戏吸引人气。叶梓萱、夏昕等几个人气超高的漂亮女生都出自"中樱桃"，她们还组成了游戏公会，短短三个月就吸引了10万用户，一个月就创收40万元。

后来，艾企锐公司将公会中人气最高的叶梓萱单独运作，使其迅速占据游戏行业搜索排名的第一位，叶梓萱在10个月的时间里为公司带来了270万元的纯利润。

此后，艾企锐公司开始深耕网红经纪的培养。过去，一些网红尽管名气很响，但是除了在一些活动和表演中露面之外，在其他活动场所几乎看不到他们的身影，他们的变现渠道比较少，一个知名网红的月收入可能在2～5万元。

而今，微博广告、品牌代言、直播以及电商等都成为网红创收的关键渠道。一个知名网红一个月的收入能达到20～100万元，有的网红为游戏公司拍摄一天广告就可以拿到20万元。

比如艾企锐旗下的网红杨英鹏，他从2011年开始做线上视频，包括搞笑类和吐槽类，那时支持上传的移动视频网站并不多，分享渠道也有限。杨英鹏成名很早，一条视频的点击率常常超过几十万，但却鲜有人找他做广告，就算有也只是贴片广告，一条广告的价格只有500元。

现在，杨英鹏利用以前积攒的人气做起了脱口秀节目，2014年2月，艾企锐公司在他的节目中植入了一条零食电商广告，结果20天就给该店带来了26万元的收入。与此同时，诸如此类的网红变现渠道也越来越多。

国外的时尚博主KristinaBazan在Instagram上拥有220万粉丝，2015年10月，他与欧莱雅签署了一份合约，金额在七位数，丝毫不逊色于许多一线明星，几近冲进行业的最高纪录。

2016年3月，冷笑话精选背后的公司飞博共创公司宣布与视频搞怪红人穆雅斓联合成立厦门穆雅斓文化创意有限公司，飞博共创与穆雅斓分别出资300万元和700万元。随着网红变现渠道的日益丰富，网红经济迎来爆发期。

3.1.3　孵化器模式下，视频直播网红的修炼

如果不单独考虑每一位网红的知名度和影响力，而是将其视为一个整体，作为一个产业来看，网红产业的从业人员规模已经非常庞大。其中，视频创作者和自媒体网红由于主要发挥自己的创作才能，因而拥有更多的自主经营意识和议价权，而那些主要靠外貌来吸引人的电商和直播类的网红，只要是有关商业运作的内容，都需要由背后的经纪公司来完成。

网红经纪公司可以简单地分为两部分，即前端和后端，前端的工作主要是负责塑造和打理网红形象、炒作新闻，保证网红可以持续受到公众的关注，而后端的工作则主要是做好供应链的变现。

国外为网红提供服务的机构也来越专业。比如 Digital Brand Architects（DBA），它旗下已经拥有上百位知名时尚博主，包括 Aimee Song、Chriselle Lim、Jamie Beck 等，DBA 主要为时尚博主提供品牌对接、公关以及数字战略等服务。

国内也形成了比较系统的网红孵化模式：供应链端组建服装代工厂，与网红品牌直接对接；代运营端为网红店铺提供经营、产品上新、ERP 管理等方面的支持；经纪人端则为网红做好营销以及孵化等工作。

这样的包装方式前期需要投入大量的资金运营微博、微信等公众账号，为网红做好推广宣传工作，因此电商公司的年销售额要在千万元以上才能保证盈利。通常，一个网红最火的时间只有 3～6 个月，因此虽然网红孵化公司与网红签约的时间为 8 年，但是实际上几乎没有网红能红这么长时间。

发展网红经济要分 5 步走：

① 筛选出有天赋、素质好的个体，一般外貌出众且很有才华的网红更能吸引眼球，这一关相对来说比较容易，因为后期包装可以发挥很大的作用。

②传授网红表现技巧，比如如何与镜头互动、找到摄像更立体的支点、如何与粉丝沟通等，从而让网红能够以最好的状态出现在粉丝眼前。

③网红的才艺培养也非常重要。相对于靠才华，仅靠外貌维持的时间要短得多，将更多高品质的内容回馈给粉丝，这样才能始终吸引粉丝。

④网红要想红得久，还应该持续曝光并拥有丰厚的媒体资源。因此，网红孵化公司不仅要帮助网红经营新浪微博，还要为其打通对外的渠道资源，并为其争取参加综艺节目等的机会，从而提高知名度。

⑤艺人周边的产品链也是未来网红经济发展的重点之一，比如在麻将游戏中植入网红本人出演的视频与平面照片等。上海艾企锐文化传播有限公司旗下的经纪品牌"中樱桃"目前已经形成了一整套培养网红的、包装以及经纪体系，并且完成了B轮融资，公司估值达到3亿多元。艾企锐的艺人养成以及训练计划已经获得众多投资人的肯定，艾企锐在360淘金上进行的股权众筹活动，仅24小时就突破1000万元大关。

目前，在网红这个"快餐式"的行业中，成名很容易，长期保持下去却很难。真正红得久的网红往往都非常勤奋，并且有顽强的意志力以及强大的梦想作支撑。

比如服装电商网红雪梨，其网店中在国外拍摄的服装样片随处可见，虽然这些照片看起来随意、轻松，但是每一张照片通常都是从拍摄的上百张照片中挑选出来的。

美国短视频平台Vine上的红人Cody Johns和Marcus Johns兄弟也曾提到，虽然一段视频的长度只有6秒，但是他们却经常需要花费4个小时才能完成，而且为了给粉丝提供更加丰富的视频内容，他们经常开车去各地选景、买道具。

因此，网红孵化公司在培养网红时应该让其不断学习、不断进步，不仅要关注自己的外形，还要培养自己的才艺，比如舞蹈、主持、唱歌或者游戏等，在线上线下始终保持标准的仪态，在公众面前维护好自己的形象。同时，网红还要加强与粉丝的沟通和互动，不断推出视频、文字等内容，提高创新意识，以便在表演等才艺上更上一层楼。

3.1.4 转型新蓝海：开启UGC网红视频模式

随着网络的普及以及网红产业的繁荣，传统的传播和造星模式已经无法满足时代发展的需要。网红在崛起以及备受瞩目的同时，其产业内部也在经历着急速的更迭和优胜劣汰。在2015年崛起的网红势力中，除了淘宝上的电商美女之外，还有各种微信公众号，比如石榴婆报告、咪蒙等作者，她们每篇文章的点击量能达到10万以上。

随着各个公众号之间的激烈厮杀，图文内容领域的创业已呈现一片红海，于是UGC短视频成为变现空间更大、发展速度更快的模式。现在，越来越多的网红开始转战UGC视频，比如艾克里里、穆雅斓等。

美妆达人Michelle Phan通过在YouTube定期上传3分钟的美妆教程，迅速建立起自己的化妆视频聚合平台Ipsy。同时，她还推出了EM Machelle Phan化妆品系列、建立了FAWM女性电视频道、出版了自传、成为知名品牌兰蔻的代言人等，为其他网红树立了良好的榜样。

YouTube从2015年10月开始向用户推出了YouTube Red付费服务，用户只要付费，就可以享受到无广告等会员服务，同时还可以看到YouTube上一些网红的独家内容，这也是YouTube吸引用户付费的最大看点。

目前市场上培养网红的平台主要是社交媒体，比如微博、快手、秒拍等。而变现能力最强的是直播平台，其中包括游戏类平台，比如斗鱼、熊猫、战旗等；秀场类平台，比如YY、来疯等。与秀场平台较稳定的收益模式相比，游戏类平台由于需要购买大量流量，因而亏损的风险较大。

随着网红势力的逐渐强大，各种各样的新兴网红平台将不断出现。不过，由于网红平台领域的寡头已经形成，很多网红平台将面临与传统平台相同的命运，后来者很难再从竞争中瓜分到可观的利益，移动端直播平台将成为下一个风口。

比如YY里的网红更多是在房间里直播，而随着移动端平台的流行，观众会看到更多的室外直播场景，包括滑雪、蹦极等室外活动，这将进一步丰富了播的内容形态。又如在2015年趁势崛起的"映客"，已经收获了大批用户，并且其平台的估值也达到将近两亿美元。

除了平台的创新之外，内容的创新也会为网红们创造更大的发展空间。直播将成为未来的一种潮流，录播时代的商业模式将全部在直播时代轮番上演，录播时代有湖南卫视、华谊兄弟以及光线传媒等公司为爱奇艺、优酷等平台提供内容，在未来的直播时代也将产生像上述这些明星公司一样的内容提供者。

网红们已经吹响了直播时代的前奏，尽管他们提供的内容就目前来看还比较简单、粗暴，但是他们带来的划时代意义是不可否认的。

未来的直播将不再局限于美女在线聊天这种形式，可能会出现一些真正的直播节目。比如《中国好声音》，粉丝叫以直接在线支持自己喜欢的歌手，移动端直播平台的变现能力将远远超过当前以广告为主的电视节目。到那时，粉丝不仅可以直接送礼物给自己喜欢的选手，也可以参与实时互动，甚至可以向选手提要求，这样的活动形式在增加与粉丝互动的同时，也对内容制作商提出了更高的要求。

目前已经有公司尝试召集网红做直播秀场，不过才刚具雏形，但是从粉丝的参与热情来看，这一活动形式在未来必将释放出巨大的能量。

当前，还没有任何一家巨头公司愿意去尝试和突破，一是因为制作困难；二是因为直播平台还没有足够多的用户以及变现方式，没有充足的资金支持，很难完成大型在线直播节目。但是这一趋势已经形成，未来的发展让我们拭目以待。

谨慎保守的传统公司为了避免风险，不愿意进入陌生的市场，但是随着直播平台的深入发展，直播平台也会经历重新洗牌，原有的格局将会被打破，新的内容公司将出现并重新占据娱乐巨头的地位，这将成为未来两三年内直播平台的一个风口。

3.2 流量变现：流量红利时代，网红模式的盈利法则

3.2.1 社交媒体时代，网红的基本变现模式

网红经济在大行其道的同时，使多个行业发生了颠覆性变革，人们的工作及生活也因此发生了巨大的改变。2014年，自媒体经济掀起的狂潮退却后，社群经济在2015年成为万众瞩目的焦点，2016年，网红经济接过交接棒后迎来爆发式增长。

（1）社交圈里的网红，从微博、直播平台到淘宝同款定制

通过的才艺表演、独特的生活品位等打造出人格化的品牌形象，在社交媒体平台、视频网站持续创造并传播优质的内容，是网红得以完成价值变现的关键所在。

微博的泛社交模式，为网红通过信息分享而吸引外界的关注提供了优良的环境，使其内容的创造、传播及消费都可以快速完成。视频直播让粉丝与主播可以通过互联网进行实时互动，极大地提升了粉丝的忠实度及归属感，从而粉丝会主动帮助网红进行营销推广。由美拍、秒拍等软件拍摄的短视频，与互联网时代内容消费需求移动化、碎片化及个性化的特征实现完美融合。这些短视频直播平台拥有极强的信息传播能力及粉丝聚集能

力，成为网红发展壮大的有效途径（如图 3-3 所示）。

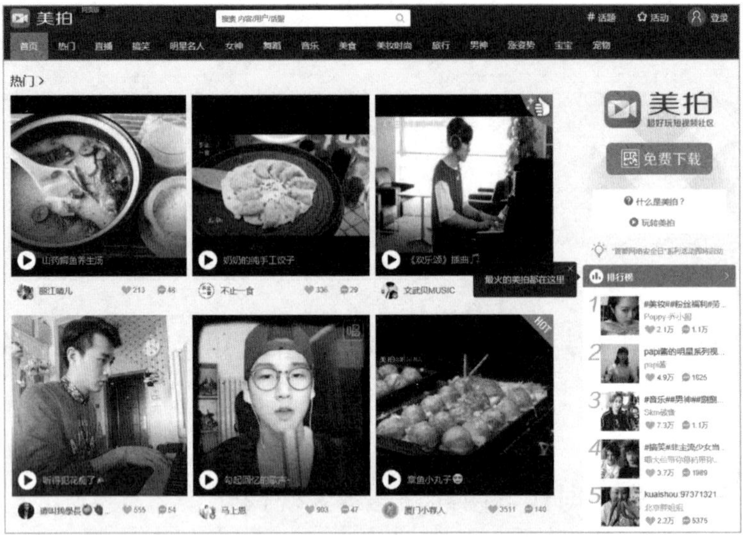

图 3-3　美拍平台

网红通过开设淘宝店铺将庞大的粉丝流量导入淘宝平台，从而完成价值变现。网红通过微信公众号、新浪微博、百度贴吧、QQ 粉丝群等与粉丝进行互动，将营销推广信息融入其中，在带给粉丝良好体验的同时，也达到了预期的营销效果。

以女装类产品为例，淘宝网红店铺主要通过向粉丝出售网红的同款定制产品完成价值变现。网红自己担任服装模特向粉丝展示其独特的搭配风格，在产品尚未制作完成时，许多款式已经被订购一空。雪梨、张大奕等年交易额过亿元的淘宝网红商家皆属此类。

（2）Integral、淘宝达人与美丽说、蘑菇街式流量分成

在美国，以 Instagram 和 tumblr 为代表的图片社交网站吸引了海量的用户，我国也有蘑菇街与美丽说两大图片社交网站。相对于文本信息，图

片可以传播的内容更为直观，具有良好的阅读体验及视觉效果，更容易打造消费场景，从而快速完成价值变现。

时尚、个性、潮流的网红，在图片社交网站分享自己的穿衣风格、搭配经验等信息，从而积累了大量的粉丝，最终发展成为某一细分领域的时尚达人，为完成价值变现打下了坚实的基础。而通过自己开设淘宝店铺或者为其他店铺代言的形式，网红可以获取一定的收益。

由于网红在粉丝中的强大影响力，其引爆一款产品已经稀松平常。这类网红有的年收入上百万元，有的甚至达到上千万元。在整个的运营流程中，网红的角色定位一般是产品代言人，店铺运营可以交由专业的团队或者合作商家负责。

为了抢占入口优势，淘宝平台推出淘宝达人，自建网红达人体系，这对蘑菇街与美丽说的发展造成了明显的影响。另外，淘宝头条转化成为内容创业平台，吸引网红在上面分享自己创造的优质内容，也为淘宝带来了更多的用户流量（如图3-4所示）。

图3-4　淘宝达人

(3)网红的基本变现模式：广告、打赏、出书等

网红的核心价值在于其塑造的品牌形象。网红通过向粉丝分享自己的才能、个性及价值观，逐渐打造出自己的品牌形象，然后通过电商、广告、商演、出书、实体店、参加节目等形式完成价值变现。

在微信公众平台上，咪蒙的微信头条广告单条标价25.5万元；papi酱在新浪微博发布的每个视频短片都可轻易获得上万个粉丝的点赞，视频点击量在几分钟内即可达到10万以上；微商春晚与创业网红典型代表魏道道及近百名网红一起出版了纪实类书籍《创女神》，该书记载了多位网红创业的过程……这些都显示了网红强大的影响力。此外，为了解决网红电商供应链管理方面的不足，许多网红开设了线下实体店面，以便为消费者提供更为优质的服务。

由网红经济塑造的全新的互联网经济模式，引领了价值变现的新潮流。未来，网红变现的方式将更加多元化，网红经济必将爆发出巨大的能量。

3.2.2 "网红+电商"模式背后的商业逻辑

近两年，网红电商的崛起及层出不穷的网红变现方式，让"网红"一词成为社会各界关注的焦点。网红电商究竟有何魅力？其背后又有着什么样的商业逻辑呢？

(1)网红电商化

以前，明星想要获得成功需要依靠传统媒体进行包装宣传，与传统媒体相比，互联网媒体的造星能力具有明显的优势。

网红电商的不断发展，其实是电商业态多元化发展的必然结果。席卷全球的电商模式在发展相对成熟后，用户流量得到极大程度的开发，各种新兴业态层出不穷。当资本涌向网红时，网红电商的出现也就顺理

成章了。

要想成为一名网红，首先需要对自己及用户群体进行定位，找到自己擅长的领域及目标群体。在移动互联网时代，种类繁多的互联网平台划分出了多个群体，而对于网红来说，需要从复杂多样的群体中找到是认可自身优势的群体。网红想要获得成功，需要将其自己做的事看作是承载自己人生价值的事，尊重并认可网红这一角色。而且，随着竞争的压力越来越大，网红需要进行专业化培训。

为了完成价值变现，网红需要实现商业化。如同明星能够获得较大的影响力，绝不仅仅是因为某一特定的事件或者其出演了某部经典影视剧，而是经纪公司为其构建了一套完善的商业体系，使其能够在合适的时间出现在合适的地点，从而获得持续关注度。网红也是如此，要与商业体系结合起来，才能拥有更为长久的生命力。

因此，网红电商化概括起来就是网红职业化，在接受专业化培训的同时，还要完成商业化的转变。与明星相比，网红在商业化程度上应该是有过之而无不及的，明星要受到电视节目的制约，而网红是在互联网上与粉丝实时互动沟通，实施商业化的空间较大。

具体来说，网红电商化的实现过程需要以下几个步骤：

定位，进行目标群体的精准定位，贯穿于网红的整个生命历程。如果没有精准的定位，网红的成功就变成了概率事件，因为在不同的群体中能够成为其粉丝的人数存在明显差异，有可能这个群体中只有几十人、上百人，而在另一个群体中却有几万人甚至几十万人。

借助各种网络媒体提升自己的知名度，从而在更大的范围内产生较强的影响力。但网红也必须确定一个主要的发展平台，并在该平台上精耕细作。

网红与电商结合。通过网红电商化，拓展产业链的深度及广度，建立完善的产业链条，让更多的用户参与进来，发挥协同效应，从而积累更多的粉丝，并持续输出商业价值。

（2）品牌化和销量，不同诉求下的网红逻辑

很多企业希望通过品牌的影响力来带动销量的增长，但实际上，品牌进行互动营销的效果却越来越差。一般来说，企业采用网红营销，无外乎两个目的：提升品牌影响力、开展互动营销。

提升品牌影响力就是要提升企业的知名度，树立企业在该领域的威信。此时，网红营销的逻辑，是让网红以专家的身份向消费者证明企业产品的优势，当然也可能是在媒体节目上不着痕迹地宣传企业的产品，从而让企业的品牌取得消费者的信任。这就要求企业在选择网红时，必需找该领域的专业网红。

网红开展互动营销相对比较简单，因为他们是自带渠道及流量。企业如果想提升产品的销量，只需找到与目标客户群体相对应的网红，让其在与粉丝互动的过程中加入产品的相关信息，即可有效带动产品销量。

不难发现，如今以淘宝、京东为代表的电商平台正在被细分化，其优势开始逐渐减弱。从这个角度来看，淘宝推出红人店、京东推出达人店，是电商平台对于日益火热的零售电商所采用的一种应对策略，透露出它们对用户流量被网红群体主导的担忧。

品牌化与零售流量的差异性，决定了企业在选择网红时的逻辑（如图3-5所示）。

通过网红实现品牌化

网红流量的直接变现

图3-5 企业选择网红的两大逻辑

① 通过网红实现品牌化

在网红出席商业活动、参加综艺节目，或者出演一些热门的IP改编成的影视剧时，将企业的品牌与之捆绑，可以有效提升企业的品牌形象。当企业打响自己的品牌后，再配合一些促销活动，企业产品的销量自然会获得大幅度增长。

② 网红流量的直接变现

无论新浪微博还是微信公众号，又或者是视频网站等等，都是网红流量变现可以选择的途径。这要看网红主要在哪个平台上活动，网红通过在自己活跃的平台进行推广即可完成价值变现，这也正是自带流量及渠道的网红群体的一大优势。

3.2.3 网红电商如何优化与提升供应链效率

案例一：赵大喜的"大喜自制"

"大喜自制"是网红赵大喜开设的淘宝店铺，由赵大喜及其老公共同运营。经过一段时间的摸索，他们建立了一套高效率的生产流程：首先是出样衣拍照，收集粉丝的反馈信息，然后选择观众喜爱的款式生产，最后正式上架。在有足够原材料的前提下，只需一周的时间就可以完成这一流程，但由于供应链的问题，有时店铺不得不延迟上新。

案例二：陈小颖的 Jupiter

服装设计师出身的陈小颖，也是淘宝网红商家的典型代表。2014年，陈小颖开设女装淘宝店 Jupiter，她在海外留学期间担任平面模特的经验，为该店铺的发展提供了有力的支持。陈小颖的店铺以中高端产品为主，单价在 500～600 元，由于发展时间较短，其供应链及团队建设都不完善，影响了产品的更新速度，上新周期通常在一个月左右，但由于其产品较高的品质及性价比，每个月都有不错的销量。

现阶段，Jupiter 店铺的团队主要分为设计、制造及营销 3 部分。营销环节占用的资源较多，需要用较长的时间与粉丝在微博上沟通交流。

令陈小颖感到担忧是，较高的工人成本及原材料成本的压力。由于她的产品多是粉丝私人订制的，所以需要大量人工进行裁、剪、缝、补，工人的平均工资大约为 5000 元，一些技术较高的员工月薪甚至达到了上万元。而以欧洲宫廷风格为主的服装，原材料成本自然较高，大部分原材料需要从欧洲进口。

案例三：张大奕的"吾欢喜的衣橱"

作为网红孵化公司如涵签约的最为成功的网红张大奕，其开设的淘宝店铺"吾欢喜的衣橱"一次次颠覆着淘宝商家的认知。2014年，在如涵的帮助下，张大奕开设了淘宝店铺"吾欢喜的衣橱"，上线不到一年，该店铺就升级为四皇冠。2015 年 7 月 27 日，张大奕完成了一次新品上架，第一批超过 5000 件女装在两秒之内就被粉丝抢购一空，所有的新品在 3 天内全部售完。

张大奕是模特出身，经常出现在《米娜》《昕薇》等时尚杂志上。她喜欢在微博上分享自己的服装搭配，并凭借独到的眼光与较高的颜值，获得了众多粉丝的关注。截至 2016 年 3 月，张大奕的新浪微博粉丝数已经超过430万。在她发布服装搭配信息时，经常会有粉丝向其咨询，而且市场上也出现了许多真假难辨的"张大奕同款"，在这种情况下，张大奕决定自己开设淘宝店铺（如图3-6所示）。

图3-6 "吾欢喜的衣橱"商品销售概况

由于本身是模特，张大奕可以接触到各种各样的服装品牌。她借鉴其他品牌的经验，并根据粉丝的需求进行设计。在淘宝店的产品销量得到极大提升后，为了强化供应链管理能力，张大奕开始自建工厂生产产品，在保证产品差异性的同时，也十分注重产品的品质。

类似这种网红店铺，淘宝上有1000多家。这些网红店主在开淘宝店铺以前就拥有大量粉丝，并与粉丝保持着良好的互动，这也是这些网红店铺获得成功的重要原因。据淘宝官方给出的数据显示，网红淘宝店铺的女性消费者数量明显多于男性，占比为71%，女性消费者中76%的用户是18～29岁的年轻人，她们集中在北京、上海、杭州等经济发达城市。

淘宝店铺网红商家的发展历程大都相似，她们大部分是时尚达人，凭借独到的品位及对时尚潮流的把握，在社交媒体平台聚集了大量粉丝，并通过与粉丝互动开展定制营销、口碑营销，从而完成价值变现。

2015年以来，淘宝网红店铺的商业模式越发完善，但与此同时，其在供应链管理、团队建设及业务拓展等方面的短板也十分明显。其中供应链问题是网红店铺亟须解决的痛点。最近，类似张大奕这种自建工厂的模式正在被更多的网红商家所采用。

在一段时间内，网红可以让大量粉丝转化为店铺中的重复购买者，但网红店铺的长期发展必须要有专业的团队来推进。

据统计，网红店铺的消费者主要是85后及90后，他们的平均年龄比淘宝用户的平均年龄小5岁，网红店铺在移动端的销售额要比整个行业的平均水平高出10～20个百分点，这种情况与新兴事物的发展过程高度吻合。

下一阶段，淘宝平台将加快自身在网红店铺领域布局的进程，提供更加精准的流量、更多消费者数据，并整合供应链资源，逐步建立起完善的网红经济生态，进一步扩大阿里巴巴帝国的版图。

3.2.4 社群经济下的"网红+电商+场景"模式

社群经济在互联网领域早就存在，但是由于缺少配套的生态机制，没有真正爆发。而作为社群经济典型代表的"小米"与"罗辑思维"，让社群经济成为各大企业争相追逐的热点。

有人存在的地方就会有社交，相应的也会有市场。社群经济发展初期，其用户群是以兴趣为中心建立起来的松散组织，没有有效的连接渠道，导致其蕴含的价值无法释放。

BBS时代，特定区域、爱好、职业等形式的社群组织形成。社群中有较大话语权的意见领袖，一般拥有深厚的专业知识、资深的从业经验、较高的社会地位等，但BBS的形式十分单一，仅有帖子列表及帖子内容两个维度。另外，BBS无法有效解决网民的个性化需求，其重点没有放在用户运营上，而是更加注重内容的生产。经过一段时间的发展，BBS产品很快遭遇发展瓶颈。

BBS的运行机制，注定了一段时间后，其用户活跃度会降低。BBS上虽然形成了社群，但是还没有上升到经济层面，一些想要进行商业化尝试的帖子，也都被当作垃圾帖子而删除了。

豆瓣虽然也属于这种形式的产品，但是豆瓣更加强调自由及开放，这使得有共同兴趣爱好的社群能够不断发展壮大。一些人试图通过兴趣商业化获取价值，但始终无法形成较大的发展规模，最终也没有使社群经济得到爆发。

人人网的出现，掀起了基于同学关系的社交网络的热潮，聚集起了位于各个地区的大学校友，但是人人网没有为善于挖掘商业价值的企业提供参与入口，最终不得不面对失败的结局。

微博的出现，让社群经济得到真正爆发。新浪微博凭借在门户时代积累起的强大影响力，引导全国各地、各个领域的专业人才在微博上分享自己的信息。关注、点赞、评论、分享等功能，彻底激活了网民参与信息传播的热情。

一个小小的关注按钮，让社群经济中人与人之间的连接方式产生了巨大的变化，社群中的价值流动与现实世界开始接轨。不同兴趣爱好、职业、年龄、地域的人都能在微博中找到适合自己的社群。

小米的成功在于抓住了时代发展的浪潮，B2C电商的快速崛起、智能手机时代的来临及社交网络的移动化及社群化等，都为小米的发展壮大提供了优质的生长环境。再加上小米创业团队的创造力及想象力，凭借"社群经济＋电商"的小米获得了巨大的成功。

小米的社群化运营，使其在与同行业竞争对手的竞争过程中拥有绝对优势，动态供应链、口碑营销等引领了移动互联网时代的一次次变革。但是，外界将目光过度集中在小米的社会化营销方面，没有认识到小米的社群经济模式是建立在以生产力变革为导向的生产关系创新之上的。严格意义上来说，社群经济并不属于营销领域，它是互联网时代的一种新兴经济。

2015年，"网红"成为一大热词。从本质上来看，网红电商是社群电商的一种衍生形式，作为意见领袖的网红，在特定的领域内具有较大的话语权，网民在与其交流互动的过程中建立了信任感，在这种情况下自然可以创造出巨大的价值。

网红电商也是时代发展的一种必然结果，随着同质化的商品越来越多，人们需要专业人士帮助自己选择合适的产品，如果有该行业的资深人士能够帮助自己，人们必然会与其建立良好的信任关系。

但是想要人们购买产品，还需尽可能地创造消费场景。企业创造的各种各样的消费场景，已经发展成为引导人们购物的重要工具。对于不同的产品来说，适合采用的场景也存在着明显的差异。那么，在这种"网红＋电商＋场景"的全新商业模式下，企业又该如何挖掘其潜在的巨大价值呢？

人们生活中的所有活动似乎都可以成为企业切入的消费场景，比如人们在公交站等车、在步行街购物、在星巴克喝咖啡等。借助于人们随身携带的手机及移动互联网，商家可以尽情地发挥自己的想象力，开发出尽可能多的消费场景。

许多产品，尤其是应用软件，随着版本的不断更新，其提供的功能越来越多，创造的消费场景也越来越多。很多时候，当你更新完一款软件后会惊奇地发现，那些原来没有清晰的盈利模式的产品，在新增某一功能后，盈利模式就十分清晰了。

产品能够流通交易，才能创造价值，所以场景中的产品必须要具备流通的属性。在企业构建的消费场景中，必须要实现人与人及人与商品之间的连接，只有这样才能完成场景闭环，最大限度地获取回报。不过，在PC互联网时代要想完成场景闭环，的确存在着难以解决的困难。但在移动互联网时代，这种情况发生了根本性的改变，移动支付、实时沟通让场景闭环成为现实。

3.3 粉丝变现：激活粉丝购买力，释放网红经济能量

3.3.1 网红多元化时代的"明星效应"

通过社交平台的应用，网红获得了粉丝用户的支持，个人影响力不断提高，之后便开始寻找盈利渠道，一些人通过经营网店取得了成功。近几年，很多网红通过经营淘宝网店获得了高收入，而且不少网红店铺在电商举办优惠活动期间成为销量冠军。

对于网红来说，最重要的就是粉丝运营。在互联网与移动互联网迅速发展的今天，社交场景已经与传统模式有很大的不同，聚集粉丝的渠道与方式也更加多元化。很多普通人利用社交平台（比如微博、微信、QQ等），通过内容输出吸引了大批粉丝用户的关注，迅速在网络平台上走红。无论是在娱乐行业、体育领域，还是在经济等各个领域中，都有用户追捧的红人，他们通过社交平台的应用实现了流量变现。

（1）社交平台发展下的网红多元化

随着互联网的发展，借助网络平台走红的人越来越多，在现代社会中，网红的多元化特点也愈加显著。

无论是西单女孩还是旭日阳刚，他们都是利用视频发布吸引用户的关注，随着粉丝数量的增多，他们的曝光率也逐渐上升。另外，很多视频网站的主持人也积累了大批粉丝，一些游戏解说员也借网络游戏的升温而走红。

与此同时，其他领域的自媒体也在通过粉丝运营积攒流量。例如，一些作家在微信、微博等平台上传自己的文章，获得读者用户的支持；一些专业水平较高的原创视频内容在视频平台上走红等。"罗辑思维"不仅独立推出视频内容，还开通了微信公众平台，设立了专门的会员机制，建立了微商城，并通过其他社交平台与粉丝进行互动，在用户群中树立了良好的形象，其粉丝已经超过 100 万。

网红是如何发展起来的呢？实际上，网红的发展可以归结为两点：不仅要靠自身的力量，还要靠平台的运营。

比如各个领域的主播，大多数平台设立了完整的主播培训系统。专业度、知名度较高的主播月收入可超过 10 万元，特别出色的甚至能上百万。导致这种现象产生的因素有很多，主要有以下 3 方面：第一，人物本身具备个人魅力，其发布的信息内容能引起用户的共鸣，用户认可其专业能力或特长；第二，有关键力量的推动，比如借助网络平台的优势；第三，环境的推动作用，社会大潮的引领作用。通常情况下，网红的影响力首先体现在他所聚集的小规模圈子中，之后再扩大到更大范围。

（2）粉丝经济模式中的盈利多元化

粉丝经济模式下的盈利方式主要有 3 种。

① 通过经营网店盈利

网店的经营者来自各行各业，有设计师、摄影师，还有当红的网络主播、游戏主播、媒体人等。无论从事哪种职业，他们的共同点在于，拥有大批粉丝用户的支持，且用户的依赖性很强。网红淘宝店经营者与消费者之间的关系不仅仅是简单的卖家与买家的关系,他们还与消费者保持着频繁的交流互动,消费者多为他们的粉丝,并出于对他们的喜欢与崇拜而购买他们的产品。一般情况下,网红淘宝店不会出现严重的货物囤积现象,因为他们的商品非常受欢迎,能够迅速销售完,而且,有些网红经营者会采用预售模式。

以服装为主导的网红店铺,有以下两种经营方式:一种是独立运营,即经营者负责产品款式的挑选、搭配以及采购等全部流程;另一种是加盟大型企业,有很多大型企业会通过网络平台寻找影响力较大的网络红人,并借助其推广力量进行产品宣传。两种经营方式中,独立运营的淘宝店要多一些。

MISS是电竞领域的人气主播,她在淘宝平台开了自己的店铺,经营游戏类商品。她的主要运营方式是:以视频形式推广游戏装备、账号等相关产品,玩家直接从厂商购买产品。网店是很多游戏主播的重要盈利渠道,而且,为了吸引更多粉丝用户与游戏玩家,她们会提供部分优惠甚至免费内容。

② 靠粉丝打赏获得收入

如今,用户通过微博或微信公众号就可以打赏自己的偶像。事实上,很多网络平台在之前就设有打赏功能,只是不能进行支付。在移动互联网时代,打赏逐渐成为粉丝经济的盈利方式之一。

网红的影响力与带动性都很强,很多粉丝用户以打赏的方式表示自己对他们的支持与喜爱。真人互动视频直播平台"六间房"的统计结果显示,2014年,超过60人的支付额度达到50多万元,平均支付额度达到35万元的大约有200人,甚至有一个人打赏了400多万元。

③通过广告宣传盈利

在现代信息社会，广告普遍存在于各大平台，无论是微信还是微博都会出现商品推广信息。广告价格的高低取决于网红聚集的粉丝规模、宣传力度及推广模式等。大部分自媒体经营者采用的方式是，根据粉丝用户的共性与爱好，不断挖掘其内在需求与潜在的商业价值，没有固定的商业模式。当微信公众号积累的粉丝用户越来越多时，就会有企业或中间商主动联系并寻求合作。

内容是基础，对于网红而言也是如此。在长期发展过程中，网红需要进行内容的持续更新与输出，保持用户的忠诚度，防止其在后续发展中逐渐流失。

3.3.2 网红经济时代粉丝变现的三个步骤

虽然网红是以个体形式与粉丝用户进行交流互动的，但大多数情况下，网红是由专业团队运营的，整合团队成员的优势力量，用于网红的宣传与推广，能够聚集更多的粉丝，并集成规模，最终实现大规模流量的商业价值。例如，不少红人店主拥有大批追随者，他们非常认可网红对时尚潮流的把握，因此，网红看好的产品也会激发他们的消费欲望。

统计结果显示，由网红经营的店铺，每天出售的爆款产品大约为5000件。假设每件商品的利润为100元，那么该店铺在一天之内获得的利润额就是50万元。

同时，网店中有很多商品是搭配在一起出售的，比如上衣与短裙，这种销售模式就能获得更多的利润。但参与利润分享的并不只是网红一方，还有网红背后的策划及运营人员、进行品牌推广与宣传的营销人员，以及在网红与合作电商企业之间搭建桥梁的人等。

网红经济模式要经历品牌包装、推广营销以及粉丝经济变现3个步骤（如图3-7所示）。

图3-7 网红经济粉丝变现的3个步骤

（1）品牌包装

虽然网红属于个人品牌，但其建立和发展与企业有很多共同之处。比如，都要明确自身的特点与产品属性、确定客户群体的范围、把握用户的需求、在发展过程中树立良好的形象、提高自己的声誉等。另外，还需了解同领域内其他竞争者的优势，所以，仅靠一个人的力量很难完成这些复杂的工作。

不少知名的网红都是由专业团队策划并推出的，团队各成员有各自明确的分工，通过共同协作完成整个运营。网红则负责出现在镜头中，以直观的形式将所有信息内容传达给粉丝及观众，而给粉丝留下最深印象的，自然也是网红的个人魅力。

（2）推广营销

网红从内容生产者那里拿到自己要播出的内容，将其惟妙惟肖地表达出来并录制成完整的节目，接下来要做的就是充分发挥平台的推广作用，进行节目的播放与营销，同时，要与粉丝进行交流与互动。

为了达到理想的宣传效果，团队不仅要选择恰当的推出渠道、宣传方式，还要注重与粉丝之间的交流与联系，这个环节的工作量很大。试想一下，某个网红的粉丝规模达到上百万,粉丝会通过微信、微博等社交平台与自己的偶像进行互动。为了提高用户黏性,网红需要与粉丝保持联系,但仅凭她一人之力是无法完成这项繁重的任务的,因此,必须有专门的团队成员负责这个工作。

(3)粉丝经济变现

网红的品牌打造与推广营销完成之后,第 3 步要做的就是深挖粉丝用户的需求并实现其商业价值,这个环节对执行者的工作能力及素质要求较高。工作人员需要选择容易被粉丝接受的商业模式,选择恰当的推广方式,还要谨慎选择合作企业促进粉丝经济的变现,这些操作非常考验负责人的运营能力。

因此,采用网红经济模式并不意味着经营者必须将自己塑造成万人追捧的网红形象,甚至自己都不必出现在镜头中,最关键的是,改变传统的思维模式,使企业的业务结构与品牌营销模式更适合时代需求。无论经营者什么定位,都有可能通过网红经济模式的运用提升价值。

既然网红的存在由来已久,为何网红经济直到近年才释放出潜在的能量呢?立足于移动互联网时代的信息推广及用户的消费习惯来分析,这个问题即可迎刃而解。

在互联网时代,PC 始终是用户查询信息、浏览信息及制作并推广新内容的主要渠道,进入移动互联网时代后,越来越多的用户从 PC 端迁移到移动端。用户获取信息的渠道更加多元化,所受的时空限制也越来越少。长期以来,围绕传统媒体形成的"一对多"的传播方式受到了巨大冲击,用户的地位逐渐提高。

在移动互联网时代,用户的消费行为及消费习惯呈现出新的特点。随着生活节奏的不断加快,人们用于信息浏览的时间变得愈加分散,其消费行为也呈现出明显的个性化特点。传统"一对多"的传播方式已经无法满足用户的需求，而网红能够聚集拥有共同兴趣爱好的用户群体，也更能抓住用户的深层次需求，因此，网红经济发展迅猛。

如今，微信、微博不断普及，网络社交平台成为用户的集中分布区域。网红作为社交达人，利用社交平台与用户进行情感交流与互动，使用户认可自己、信任自己，他们在深入把握用户需求的基础上，为他们推荐时下流行的商品，激发他们的购买欲望，实现粉丝经济的变现。可以说，是技术的发展，推动了经济模式的创新。

综上所述，网红经济模式是有史可循的。通过分析西方发达国家的知名老牌企业可知，很多企业都以创始人的名字或家族姓氏为品牌形象。对于消费者而言，对名字的认同足以让他们在面临选择时下决心。

网红经济在2015年以及2016年发展得十分迅速，但这并不代表这种经济模式已经到达巅峰状态，随着移动互联网的深入发展，会有越来越多的人加入网红队伍中。另外，对于企业而言，他们也会借鉴网红经济的发展模式，在品牌中融入个性化特征。眼下无论是网红还是处在网红经济模式下的企业，都应该通过改革自身品牌，获得更多粉丝用户的支持并提高粉丝黏度。

3.3.3 "罗辑思维"的粉丝变现模式

近年来，越来越多的网红进入人们的视野，众多专业团队进军该领域，集中精力推出网红的原因是什么呢？

随着互联网的不断发展，电商的交易入口逐渐发生了改变。在电子商务刚刚起步时，网站的数量并不多，网络用户的规模也不大，在这种形势下，哪家企业的流量多，产品的销量就大，因此，这一阶段的交易入口就是流量基础。

所以，一些初创企业的主要运作方式就是积累用户流量，之后再转卖给其他电商。之后，电商的发展速度逐渐加快，越来越多的企业进军电商领域，通过线上平台出售的商品种类迅速增多，消费者的规模也不断壮大，电商为了争夺市场，与对手之间展开价格战，交易入口随即转移到价格方面。

如今，身处信息泛滥的时代，用户的日常生活被大量广告包围，面临的选择也越来越多。这时候，能够在众多商品之中找到符合用户需求的商品，为用户节省时间与精力才是成功经营之道。这样的经营者，首先要获得用户的推崇与认可，于是包括网红在内的各个领域的意见领袖纷纷登台，也就是说，如今的交易入口，已经在向网红转移。

在这里，以"罗辑思维"为例，对粉丝变现模式进行分析（如图3-8所示）。

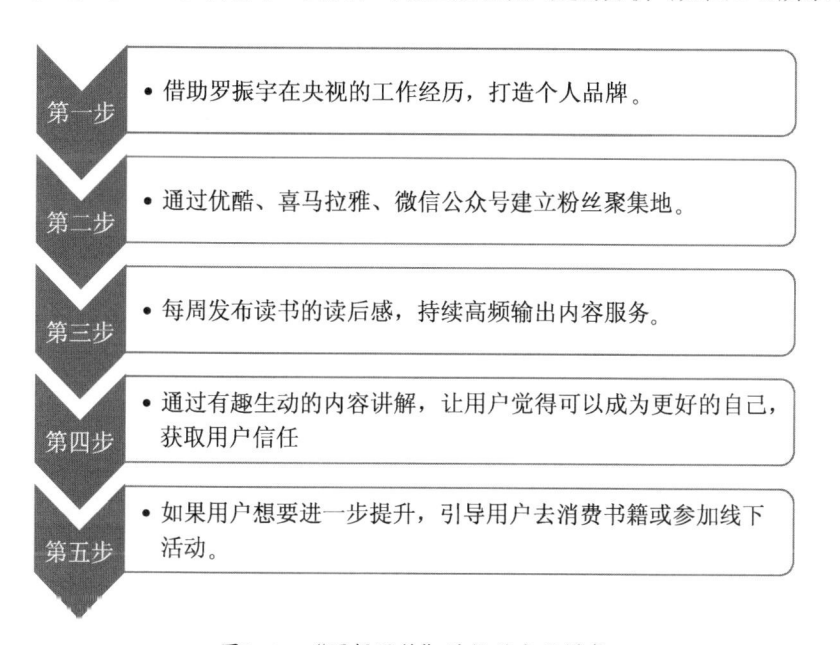

- 第一步：借助罗振宇在央视的工作经历，打造个人品牌。
- 第二步：通过优酷、喜马拉雅、微信公众号建立粉丝聚集地。
- 第三步：每周发布读书的读后感，持续高频输出内容服务。
- 第四步：通过有趣生动的内容讲解，让用户觉得可以成为更好的自己，获取用户信任
- 第五步：如果用户想要进一步提升，引导用户去消费书籍或参加线下活动。

图3-8 "罗辑思维"的粉丝变现模式

"罗辑思维"是由罗振宇主持的一档知识类脱口秀节目，其播出渠道以优酷及喜马拉雅为主，后来又开通了微信公众号。主持人罗振宇凭借个

人魅力聚集了大批粉丝用户，这是其商业价值的主要来源。

罗振宇被粉丝们亲切地称为"罗胖"，他以直观的视频形式为用户介绍并推荐书籍，用户通过观看他的节目能够开拓自己的思维，提升自己的见解。"罗辑思维"开通微信公众号后，罗振宇通过每天60秒的语音形式与用户保持互动。

除了网络平台的互动外，还有部分粉丝自发举办了一系列线下活动，增强了粉丝之间的交流。很多粉丝用户会在罗振宇的推荐下去购买图书产品。另外，"罗辑思维"建立了付费会员制，并在线上平台开展众筹，这些都是其收入来源。

同时，"罗辑思维"还利用自己的平台优势为其他企业提供商品推广服务，也就是广告营销模式。通过深入挖掘粉丝用户的商业价值，"罗辑思维"的收入规模一年可达到5亿元。从网红经济模式来说，罗振宇就是一个典型的网红。

如今，随着网红经济的崛起，该领域吸引了众多团队的加入，网红只有专注于细分领域的开发，才能避免与竞争者之间的同质化现象。

以当红游戏主播Miss为例，她针对的用户群体是热衷于网络游戏的粉丝用户。从2013年下半年开始，Miss持续推出网络游戏英雄联盟的解说视频，让玩家进一步了解该游戏并获得技能上的提升。她的视频播出渠道有腾讯、优酷视频以及专业游戏平台等。

众多英雄联盟的游戏玩家都是Miss的粉丝，除了观看她的节目，他们还会光顾她的网店，购买她推荐的游戏装备或其他商品。数据显示，Miss网店的爆款产品的营收额度已经突破100万元。2016年虎牙签约Miss，为其提供3000万元的年薪，足以证明其身价之高。

第四章

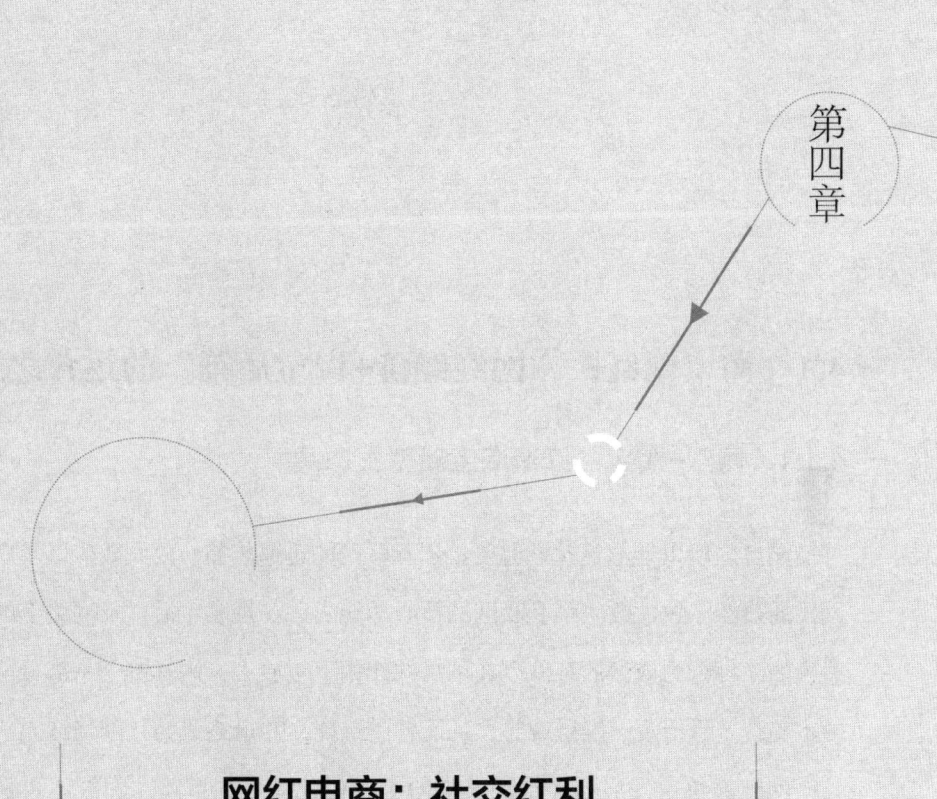

网红电商：社交红利时代的新型电商模式

4.1 淘宝网红:"网红经济+淘宝店铺"的运营之道

4.1.1 网红+淘宝:缔造淘宝新型生态圈

网红之所以能够迅速崛起要益于互联网的迅速传播、放大效应以及广大网民的追捧。放大效应是互联网的核心功能之一。现实生活以及网络上的某些人的某种行为或做的某件事在网络的作用下被放大,因其符合一部分网民的审美观、价值观、娱乐观等,从而备受追捧,并最终成为"网络红人"。

网红的快速发展已经推动其走向了专业化运作的道路,网红不再是无意识的走红,而是网络推手、媒体以及受众心理需求等综合作用的结果。

(1)网红发展为粉丝经济,并有效进行电商导流

随着一大波网红的袭来,网红已经从一种社会现象变成了一种经济行为。现在的网红已经不是单纯分享及受人追捧那么简单,而是通过与服装、化妆品以及外设店等的结合,实现了社交资产的变现。

著名的网红"呛口小辣椒"Viviandan和Miumiu,通过提供各种各样的服装搭配,受到了众多粉丝的追捧,在开设自己的淘宝店后,引领了一股"呛口小辣椒同款"的潮流。大家所熟知的"网红"雪梨的淘宝店铺"钱夫人",在淘宝女装的销量排行榜上始终位列前几名。网红的兴起和发展催生了一种新的经济行为,即网红经济(如图 4-1 所示)。

排名	店铺	排名	店铺
1	戎美	11	ALU
2	张大奕	12	MALI
3	毛菇小象	13	笑涵阁
4	CC皮草	14	茉莉雅集
5	小虫米子	15	妍儿家
6	大喜	16	veruan
7	千MOMO	17	林珊珊
8	dimplehsu	18	云上生活
9	LIN	19	BOB
10	MIUCO	20	Titi小静

图4-1　2015年淘宝女装品类中网红店铺排名Top20

　　网红本质上代表了一种对个性化的追随,网红经济隶属于粉丝经济的范畴。随着网红群体影响力的不断提升,网红的覆盖范围也不断扩大,已经逐渐延伸到了各个细分领域,比如动漫、美食、旅游、游戏、健身等领域都出现了网红。从单领域延伸到多个细分领域的行为,表明网红是一种满足大众个性化需求的表现形式。现在的很多网红已经实现了公司化,专注于经营网红品牌。这些公司少则十几人,多则几百人,通过经营网红品牌将品牌渗透进后端的整个供应链体系中。

　　流量对电商平台而言具有重要的价值,而为电商平台导流则是网红的作用之一,目前电商导流已经演变成内容运营。网红利用自己对粉丝的影响力,推动淘宝站外的流量变现,除了开发淘宝站内的粉丝经济之外,网红还发动粉丝的力量吸收更多外来的流量。过去,网红可能只是在网站上分享一些爆款,而今,网红大都走上了自己开店、自主经营品牌的道路,并开始注重供应链的管理和经营。

(2)网红经济价值凸显,市场容量巨大

　　网红经济的快速崛起从淘宝平台上可见端倪,在淘宝、天猫上,网红店铺已经蔚然成风。

截至 2015 年 12 月，淘宝平台上的网红数量已经达到了数百位，追随他们的粉丝超过了 5000 万。他们通过微博、QQ 等社交平台聚拢了一大批粉丝，并引领了时尚的潮流。网红在淘宝平台上推崇预售以及定制，辅以淘宝商家强大的生产链，构成了网红经济独有的商业模式。2015 年 9 月，淘宝为了支持网红的发展开设了 iFashion 平台（如图 4-2 所示）。

图 4-2　iFashion 平台

除了服装领域，网红经济在其他领域也有巨大的发展空间。人们生活涉及的层面丰富多样，在互联网时代，只要有一技之长或者在某个领域有特殊影响力，都有机会做网红，除了美女，摄影达人、游戏高手等拥有固定粉丝群体的人，也有潜力影响粉丝的消费行为。

因此，网红经济在电子竞技、旅游以及母婴用品等行业也实现了广泛渗透，并使各个行业发生了巨大的变革。未来在这些领域，网红经济会迸发出更大的发展潜力。

（3）网红经济仍有成长空间

在巨大的利益诱惑下，将会有更多人进入网红经济市场，未来网红经济还将快速增长。知名网红凭借漂亮的容貌、姣好的身材、前沿的时尚眼光以及独特的服装搭配，在微博、微信等社交平台上网罗了大批的粉丝，并通过淘宝、微卖等平台将粉丝流量变现。

在丰厚回报的吸引下，未来会有更多网红投入到网红品牌的经营中，进一步推动网红经济的发展。

线上服装品牌"Zara"紧跟当下流行趋势，满足了消费者对时尚的追求，因而受到众多消费者的欢迎，未来有望实现进一步扩张。传统的服装企业一般都遵循这样一个运作流程：设计师设计产品—厂家生产—实体店上货销售，这样一来就延长了商品的周转时间，很容易错过最佳的销售时机。而以Zara为代表的快时尚品牌追求的就是"快"，他们采用买手模式，将品牌中畅销的款式迅速下单生产，并快速完成配送、上货，顺应了消费者时尚需求快速变化的趋势。

网红店铺也像很多快时尚品牌一样，采用了相似的经营模式，以粉丝的评论反馈为参考，减少挑选款式的时间，并尽快下达生产订单，快速配送，在有现成面料的基础上，最短只要一周的时间，粉丝们就可以得到梦寐以求的网红同款。年轻的消费群体更容易产生冲动消费和感性消费，而产品的快速周转就是利用了消费者的这一消费特性，因而能够实现迅速的推广和普及，未来网红模式将迎来一个爆发期。

4.1.2 网红店铺"野蛮生长"背后的逻辑

在电子商务领域，网红经济的热度可谓是居高不下，各种网红店铺在淘宝平台上争奇斗艳。据统计，淘宝平台上的网红店铺已经超过了1000家；在2015年的"6·18"大促中，销量排行榜前10位女装店铺中有7家是网红店铺。

上述的数据表明，网红经济正在依托其强大的粉丝基础发展成为新兴的实体经济。而网红经济能否实现可持续发展，最终还要靠过硬的产品来做后盾。

时尚的服装搭配、靓丽的模特，对于女性消费者来说具有极大的吸引力。根据淘宝网提供的一组数据，足以窥见网红经济的火爆：淘宝网上网红店铺的成交量遥遥领先于传统淘宝店铺，是其成交量的2.5倍。在日常销售中，部分网红店铺上新日当天的成交额就能达到上千万元，上新三天的销量就相当于普通实体店一年的销量。有的网红店铺甚至创下了开业两个月就升到五钻的纪录。

网红经济的快速发展不仅炒热了网红店铺，而且为网红店主带来了巨大的经济收益。在淘宝网举办的"网红经济"研讨会上，6位"网红"应邀参加，平均每人每年的净收入都达到上亿元。

远在大洋彼岸的美国也掀起了一股网红经济的潮流，比如在图片社交APP Instagram里，粉丝数量达到百万级别的网络红人图片广告的单价达到上万美元，网红经济的发展打开了品牌营销的大门。

淘宝平台开放性的特征为网红经济的发展提供了有利的条件，网红们有机会在平台上开店,并将自己积攒的人气实现价值变现。在淘宝大数据的支持下,网红们通过后台的销售数据就可以掌握粉丝的爱好,在结合粉丝的动作变化以及购买转化情况,实现对客户的精确定位,为推广投入提供有价值的参考。

(1)网红经济的三大发展动力

网红陈丹丹拥有自己的时尚博客,并且在博客中积累了超高的人气,她在开设淘宝店后利用博客为自己的店铺导流,使店铺的业绩得到极大的提升。2015年8月,陈丹丹获得了由蘑菇街领投的3000万美元B轮融资,业务发展有了更坚实的后盾。

网红经济作为电商领域的一股新生力量,已经得到了资本市场的广泛认可,那么网红经济为什么会具有如此大的发展潜力?我认为可以归结为以下3个原因(如图4-3所示)。

动力一	动力二	动力三
• 粉丝拥有潜在的购买力	• 网红孵化器的推动	• 淘宝平台的支持

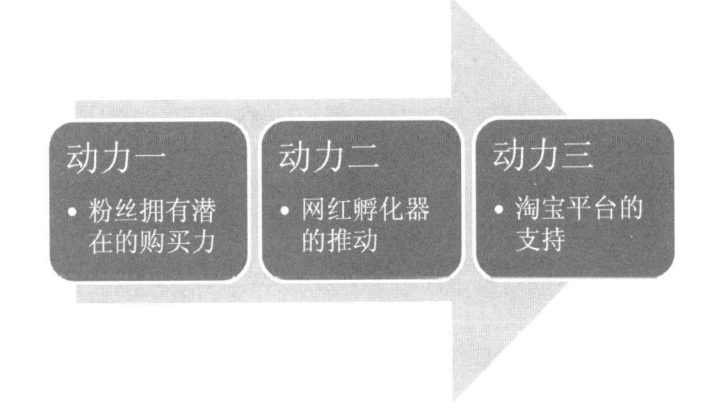

图4-3 网红经济发展的三大动力

① 粉丝拥有潜在的购买力

所有的网红都有一个共同点,那就是在社交平台上拥有百万乃至千万量级的粉丝，这也是他们能成为网红的重要基础。

与普通的网店相比，网红店铺在供应链上有独特的优势。普通网店的运作模式是：选款—上新—平销—商业流量—折扣，而网红店铺的运作模式则为：出样衣—拍美照—粉丝评论反馈—将备受欢迎的款式打版、投产—正式上架网店。

在有现成面料的基础上，一般只需要一个星期左右的运作周期。网红对自己积累的庞大的粉丝群体进行精准营销，将粉丝力转化为购买力，收获颇丰。

② 网红孵化器的推动

网红作为一个独立的个体，力量较为薄弱，仅靠个人的力量做好店铺的日常运营、供应链管理、设计、打版、库存、客服等一系列工作难度很大。一些具有敏锐嗅觉的创业者嗅到了这一商机，于是通过入股的方式为网红店铺提供整套解决方案，帮助网红店铺突破瓶颈，实现更迅速地成长，比如莉家、榴莲家等。

③ 淘宝平台的支持

网红经济强劲的发展势头也引起了电商平台的关注，电商平台通过为网红经济提供相应的扶持政策，支持网红店铺的发展，同时还专门为网红店铺研发了相应的配套产品。

（2）网红店铺如何走下去

国务院总理李克强在提出"大众创业、万众创新"的口号之后，国内掀起了一股创新、创业的浪潮，而网红经济作为一种新生力量，对于整个社会的创业、创新发展而都有重要的意义。

网红经济的发展有利于带动创业和就业，很多网络红人的吸金能力甚至超过了一线明星。从产业链上看，随着网红这一群体的出现和崛起，抓住网红包装时机的网红孵化公司逐渐成长起来，不仅帮助网红店铺迅速冲到了皇冠店铺，同时也赢得了风投公司的关注。另外，网红店铺的兴起带动了中国原创设计的发展，淘宝平台上有望产生中国本土的快时尚品牌。

不过，虽然网红在聚集粉丝和人气上有优势，也可以实现一定的粉丝变现，但是这些粉丝却难以支撑更大的市场。网红可以一夜之间红遍大江南北，也可能一夜之间就被其他网红盖过风头，那么网红经济如何保证能够持续向前发展呢？

网红经济的发展少不了平台的支持。未来，淘宝等平台将为网红店铺提供相应的扶持和帮助，包括精准的流量支持、优质的供应链支持、数据跨平台的互通等。同时，淘宝平台还组织了网红店铺与生产厂商的洽谈工作，从而帮助网红经济与实体经济顺利实现对接。

此外，网红店铺有了电商平台做后盾，发展起来会更有底气，还可以拥有良好的外部发展环境。网红经济未来竞争的焦点在设计以及用户体验上，网红店铺要想在市场上如鱼得水，就必须紧紧抓住用户的需求，根据自己的特性打造属于自己的品牌。

4.1.3 淘宝之变："网红+社群+电商"模式

（1）淘宝网的"内容招募计划"

2014年12月1日，淘宝在其论坛上启动了第一波内容招募计划，以淘宝平台上的各类目为核心，邀请时尚达人充分发挥自己的聪明才智创造优秀的内容，并将内容呈现在淘宝头条上。之后，淘宝又启动了第二波内容招募计划。

当时，蘑菇街与美丽说正在脱离淘宝，淘宝为了防止自己的流量被第三方平台带走，封闭了蘑菇街和美丽说的端口，蘑菇街与美丽说不得已走上了转型的道路，而它们的离开及转型为淘宝头条的产生奠定了重要的基础。

蘑菇街与美丽说都是通过优质内容的分享逐渐发展起来的，都拥有庞大的流量资源，而且他们的平台上有大量时尚达人，在实现粉丝引流上具有强大的优势。完成转型之后的蘑菇街仍然为粉丝和用户进行优品推介，但同时也着力打造时尚买手的服务，注重粉丝力的转化。

从某个层面上来讲，蘑菇街与美丽说与网红经济有扯不断的联系。两家公司作为第三方导购平台，最初的工作就是将淘宝平台上的优质内容进行二次整理，从而为买家的购物活动提供重要的参考，这也是与网红经济相似的地方。

（2）网红经济与社群电商

网红大多聚集在时尚圈层，要么是帅哥美女，要么在某一方面拥有卓越的才华，这些网红有一个共同点就是高调，而且粉丝呈现年轻化的特征。网红在与粉丝的互动过程中，可能因为偶然一次产品推荐，就能挖掘出巨大的商机。

从本质上来看，网红经济与微商是一种前世今生的关系。微商最开始利用自己的信用背书走向了产品销售，但是在网红经济发展的过程中发生了重大的转变。早期的网红在实现电商变现的过程中，释放出强大的爆发力，缔造了一些商业传奇。

而此时，微信营销正处于风口，代理式微商逐渐兴起，一年多的时间就扩展到1000多万商家。代理微商的呼声迅速超过网红经济，在代理制的层层包装下，微商所创造的商业神话逐渐掩盖了网红经济背后的社群本质。

当微商凭借自己创造的商业神话在市场上获得越来越高的呼声时，网红经济已经悄无声息地长出了新芽。有的网红借势在淘宝上开起了网店，而一些缺乏商业头脑的网红则成为电商平台的签约"艺人"，通过为平台导流与平台分享红利。

这些电商平台都有一个共同的名字，即网红孵化公司。它们通过签约网红，利用网红对粉丝的吸引力获得更多的流量资源，而且只需担负店铺日常运营的职责即可，这对于网红和平台方来说是一种双赢。平台方通过签约更多的网红获得更多的流量资源，从而避免被某个网红所绑架，因为网红虽然可以为平台引流，但是却牢牢把着粉丝这一关。因此，当平台方能够为网红提供巨额的分红时，网红可以将更多的精力放在粉丝的聚集上。

（3）淘宝对网红经济的扶持

网红店铺创造的"销售神话"引起了淘宝网的高度重视，于是淘宝网围绕网红推出了一系列支持政策。2015年8月，淘宝推出了时尚互动平台iF-ashion，为时尚设计师提供一个发展和展示自己的平台，并致力于将其打造成一个设计师网红孵化平台。

之后，淘宝为了能够在网红经济时代加强和巩固主动权，在2015年9月14日，正式启动了"内容开放计划"，淘宝头条开始朝着自媒体平台的方向发展。但是通过分析淘宝头条的结构会我们发现，淘宝头条自媒体与其他自媒体截然不同，淘宝头条主要是以淘宝类目为核心，致力于发展成为一个导购类的自媒体平台，在结构上与早期的蘑菇街和美丽说相似。

网红经济的发展和崛起已经势不可当，与其想尽办法与网红经济抗衡，不如将网红收入麾下，更大限度地挖掘网红的潜力，从而释放出更大的能量。

（4）社群电商时代的流量争夺战

不管是蘑菇街、美丽说与淘宝"闹分手"，还是网红经济和社群电商的兴起，抑或是微商的病毒式扩散，其实都与流量有着密切的关系，都要归咎于各个平台之间的流量争夺战。

随着淘宝平台上网店数量的不断增加，商家的流量获取变得越来越难，导致微商发生大规模迁徙。获得一种新的流量获取方式，对于商家而言迫在眉睫，但是这却与淘宝网的意愿是背道而驰的。不过，淘宝明白其不可能违逆市场的运行规律，因此在正式推出网红经济之前就未雨绸缪，做好了一系列准备工作。

在网红经济正式进入人们的视线之前，淘宝就借助自媒体内容的发展大势，提前做好了布局，从淘宝头条、iFashion等入口切入，通过开放的形式签下了大量网红。淘宝平台避免网红劫持流量的最好办法，就是将淘宝头条和iFashion发展成为一个时尚类的网红平台，这样一来，不仅为网红的发展提供了必要的支持，同时也可以充分发挥网红的优势为自己效力。淘宝目前的任务就是在网红经济的风口到来之时，迅速抓住机会实现腾飞，开辟出一片属于自己的天地。网红经济的崛起，让阿里巴巴在电商衰落的大趋势下完成了一个最有力的反击。

当移动第三方平台还在专注于经营分销式社群时，淘宝已经在内容以及粉丝量上做好了战略布局，深刻阐释了社群电商的魅力所在。粉丝的信任是支撑社群电商发展的重要力量，体现了流量的独立和解放的特性。因此，淘宝当前的工作就是将流量的分配权牢牢握在自己手中，以便赢得更多粉丝的支持。

4.1.4 新经济崛起：淘宝"孕育"的网红经济

随着网红力量的崛起，各种各样的网红在各个领域遍地开花，但与此同时，人们对于网红的要求也越来越高。一个真正的网红不仅要在社交平台上拥有大量的粉丝，同时还要有一个商品热销的淘宝店铺。

淘宝凭借其强大的变现能力，已经成为当前国内最大的网红推广平台，众多网红在淘宝平台上改变了自己的命运。

(1) 网红淘宝开店频创"奇迹"

董小飒是虎牙直播平台的一名网络主播,拥有大量的追随者,他的每一次直播活动都能吸引上百万人次的观看。2014年5月,他在淘宝上开设了自己的店铺,在粉丝的大力支持下,董小飒的淘宝店仅一年多就获得了3个皇冠,每个月的销售额能达到6位数。

董小飒的淘宝店只是众多网红店铺中的典型代表,其实很多网红店铺在淘宝平台上都大放异彩。比如网红雪梨的店铺,"呛口小辣椒"的店铺等。

在2015年中国福布斯名人榜上,范冰冰以1.28亿元的收入荣登榜首,尽管这个数字对于很多人来说遥不可及,但是对于站在网红经济风口的网红店铺来说,却并不是望尘莫及的。从2014年的"双11"到2015年的"6·18"大促,网红店铺表现出了强劲的发展势头,有不少网红店铺在上新时的交易额都能达到上千万元,即使跟一些知名的品牌服饰也毫不逊色。

支撑起这一庞大销售额的,是其社交平台上积累的上百万粉丝。其实,网红的成长路径大体相同,首先,用自己年轻靓丽的形象为自己代言;其次,凭借自己对时尚的敏锐感知以及独特的眼光进行选款和视觉推广;再次,发挥社交媒体的作用聚集粉丝,面向粉丝群体进行定向营销;最后,实现粉丝力到购买力的转化。

(2) 淘宝改变了网红的生活方式

90后网店店主大金,是随着网红崛起的大潮成长起来的一位网红,她不仅外貌漂亮,而且个性鲜明,拥有独特的品位。她在2012年年初就拥有了自己的淘宝店,并通过个性化的时尚搭配吸引了大批粉丝。截至2016年4月,她的微博粉丝已经超过160万,淘宝店铺拥有四个皇冠。

网红店主赵大喜每天都会花很长时间在微博上与粉丝互动。拍样衣美照上传到微博，并根据用户的反馈情况挑选出深受用户喜爱的款式，然后打版投产，正式上架淘宝店铺。大喜2013年大学毕业，如今她不仅拥有了自己的网店，还有一个100多人的工厂需要打理。

淘宝不仅改变了网红的生活方式，对网红的粉丝也带来了一定的影响。在淘宝上购买商品，利用微博与偶像互动，已经成为很多粉丝日常生活中的一部分。

比如一位名叫"pop丸子"的网友，她在张大奕的店中购买商品之后晒出了自己的照片，获得了近千人的点赞。还有的粉丝，不满足于与偶像之间的互动，直接应聘加入了网红店铺，成为网红团队中的一员。这样不仅可以近距离接触自己的偶像，还满足了自己的职业发展需求。

（3）淘宝平台孕育网红经济

淘宝平台开放性的特征，为网红实现人气变现创造了机会和环境。

网红店铺店主的职业和身份呈现了多元化的色彩，比如张大奕、优依是广告模特，而陈小颖是独立设计师，十元诗苑则是一位摄影师，还有电子竞技明星小苍、Miss、2009（伍声）等，他们都凭借自己在各自圈层的影响力开设了淘宝店铺，产品销量也都排在行业前列。

网红店铺的消费者一般具有较高的消费水平，而且对于美的追求会倾注更多的热情。而网红们之所以选择淘宝平台，除了因为淘宝平台是全球最大的网购平台之外，还有一个重要的原因，即淘宝所打造的生态系统会为他们的发展提供重要的支持。

以张大奕的淘宝店铺为例，短短三天的时间就能完成普通实体店一年的销量，而这种特殊的销售状态并不是所有网购平台都能够承接的。淘宝平台凭借自己多年的大促经验，可以完美契合网红店铺的销售模式和销售状态。

在网红经济崭露头角的时候，一些具有敏锐市场洞察力的公司抓住了网红崛起的契机，做起了网红孵化业务，比如莉家和榴莲家。网红孵化公司的前身大都是做得比较成功的淘宝商家，在与网红签约并达成合作之后，它们就与网红有了明确的职责划分，网红主要负责与粉丝互动，并向其推荐商品，而孵化公司的职责是管理和运营网红店铺，并建立配套的供应链。

网红孵化公司与网红的强强联合，释放出了巨大的威力。比如拥有"呛口小辣椒"等知名网红的莉家，不仅培养出了众多的皇冠淘宝店铺，同时也赢得了风投的青睐。

而一些自主经营的网红店铺，比如LIN，更看重的是淘宝生态的大数据分析能力。LIN家的创始人认为，LIN需要的并不是流量，而是精细化的跨平台的数据，而这正是淘宝平台的优势所在。

在淘宝大数据的支持下，网红店主在销售后台通过数据分析就可以实时掌握粉丝的爱好。比如，通过观察哪一张图片导入的流量更多，根据流量导入后的变化以及购买的转化率，网红店主可以迅速锁定一部分特定的群体，并进行精准的推广。

如果能深植于淘宝平台，网红们未来会有更好的发展。未来淘宝还将为网红店铺的发展提供重要的支持和帮助。除了为网红店铺研发相关的产品之外，淘宝平台还会通过iFashion频道、淘宝达人等产品，扩大网红店铺的影响力。

4.1.5 平台社交化：借助网红带动粉丝经济

在2015年的"双11"活动中，天猫交出了一份让人满意的答卷：据官方统计，"双11"当天的交易额达到了912亿元。"双11"过后，紧随其后是"双12"活动，淘宝想要延续在"双11"创造的成绩。在"双12"的年度盛典上，阿里巴巴集团中国零售事业群总裁张建锋提出，淘宝要做的并不是维系卖家和买家这样简单的关系，而是鼓励全民参与，将淘宝打造成一个汇聚创意、导购、社区、内容的综合性平台。

(1) 淘宝"双12"打造的社交化电商

与"双11"相比，"双12"的活动总是有一些新花样。比如2014年的"双12"与"双11"相比，更加重视细分领域，每一个细分领域都会以小时为单位展开竞争，让消费者对交易额了解得一清二楚。为了规范淘宝商家，淘宝还针对平台上的商家制定了一系列的规则，明令禁止刷单，从而保证整个行业的正规化和透明化。

在2015年的"双12"活动中，除了照例发红包之外，淘宝网又推出了一些新的游戏规则：在网站上推出了"求打赏"、"砍价"和"全民导购"的功能。淘宝鼓励消费者在社交平台上分享商品，在获得朋友的众筹支持后，可以获得一定的折扣。现在，淘宝客户端又新增加了"问大家"功能，为购物者之间的互动和沟通提供了重要的支持（如图4-4所示）。

淘宝网通过挖掘消费者自身所拥有的社交关系，用社交流量取代广告搜索，将更多的消费者吸引到链条上来，这就是社交电商的经营逻辑。淘宝网的目标是打造一个全民参与的购物体系，让每一个用户都能成为信息的集散地，从而降低内容生产的成本。

事实上，这个逻辑在其他公司也有所体现。比如京东联合腾讯推出的"京腾计划"，目的就是通过借助社交化数据助力品牌营销。腾讯在"双

11"当天在微信朋友圈宣传了京东的活动,微信成为京东重要的流量入口。而今,淘宝也意识到社交网络掌握着大量的移动流量,并且已经从"人"着手,试图连接平台上的商品。

图4-4 淘宝客户端的"问大家"功能

(2)用"网红文化"带动"粉丝经济"

与天猫上入驻的大品牌和大商家不一样的是,淘宝平台上的商家都是小商户,其中由网红所组成的群体格外引人注目。目前,淘宝平台上的网红已经超过了5000名,每一位网红在微博上都拥有10万以上的粉丝。他们将在社交平台上积累的粉丝导入淘宝平台,将粉丝力转化为购买力,并逐渐形成一种粉丝经济。

淘宝平台上的网红店主要么是模特，要么是时尚达人，也有的是独立设计师或摄影师，这些人之所以能经营好店铺，无外乎两个原因：一个是外貌与时尚品位吸引关注，另一个则是已经形成了一套成熟的运作体系。网红的电商孵化有一套独特的商业逻辑：培养自己的影响力—有示范性的爆发销售—获得更大的影响力—扩大产能，提高销量。

"网红文化"是在特殊的经济文化环境下形成的一种文化现象，为中国制造业的转型提供了一个方向，而这种转型需要获得一定的支持。网红是"网红文化"的创造者，同时也是带动创业的一部分群体；他们不仅有一定的设计才能，还懂得经营内容和粉丝；他们善于了解和掌控少数人的需求，并为其提供高端定制化的产品。但是他们整合供应链的能力较弱，因而需要淘宝在这一方面提供支持，实现后端生产与需求的精准匹配。

（3）内容和社区也很重要

除了抓住社交媒体，施行"网红计划"之外，内容以及社区也是淘宝关注的重点。这里的"内容"可能是一本图册，也可能是一篇关于旅行的文章，还有可能是消费者对于商品的主观评价，但是不管何种形式，都与消费者有着直接的联系。这些内容借助社区生态传播到更广的范围，为其他消费者的消费决策提供有价值的参考。

事实上，淘宝在内容上已经有所动作，它通过联合第三方达人以及媒体，为平台吸引优质的内容。

不管是创业公司还是传统的电商平台，内容以及用户社群的运营始终是他们关注的焦点，最近非常火的小红书就是一个很好的证明（如图4-5所示）。

图4-5　小红书APP

2013年12月，小红书推出了一个购物笔记APP，为喜欢在境外购物的女性用户提供了一个闲逛以及分享的平台。这些高质量的原创内容也为其他用户的境外购物活动提供了参考。

小红书用自己的成功证明了用内容和社区运营也可以做好电商。2015年6月，在零广告投入的情况下，小红书的电商销售额突破了2亿元，小红书利用高黏性的社区属性打造了一种社区与电商之间自由切换的模式。由此可见，不管公司大小，优质的内容以及社群，对于电商的发展都有举足轻重的作用。

4.2 社交网红：如何运用"网红思维"做社交电商

4.2.1 社交红利：网红经济时代的社交电商

与"网红"相关的话题，在2015年"双11"这一天席卷整个电商领域，网红店铺背后蕴藏的巨大商业价值，一时之间成为众人关注的焦点话题。事实上，网红电商的巨大力量不仅仅体现在"双11"期间，分析2015年淘宝平台上不同类型店铺的发展情况可知，在各种促销活动期间，销量居于首位的都是网红店铺。不仅如此，这些店铺的热卖指数远远超过很多著名的服装品牌。

实际上，网红电商并不是2015年出现的，只是在2015年取得极大发展，才被人们广泛关注而已。那么，在社交电商迅速发展的今天，传统经营模式下的电商与企业是如何应用网红模式获得自身发展的呢？

(1) 什么样的网红，适合社交电商

如今，微信迅猛发展，与微博相比，微信的开放性更低，在这种形势下，传统模式下的社交红利呈下滑趋势，相应的，网红的门槛也不断提高，网红之路变得更加艰辛。因此，企业经营者只有具备敏锐的观察力，才能从茫茫人海中找到拥有发展前景且能够推动企业发展的红人。

在这个过程中，企业的评判标准是什么呢？

① 个性

相对于外貌来说，个性更加重要，因为凭借现代的化妆技巧与摄影技术，在镜头前展现一张精致的脸已经不是一件难事儿。从外貌上来说，很多网红只是普通人中的一员。但是，每个网红都必须有自己独特的个性。

② 擅长使用社交媒体，以内容输出为基础进行沟通交流

有的网红擅长购物，有的网红擅长化妆，有的网红擅长说段子等等，网红输出的内容在很大程度上取决于他们自身的定位。另外，网红需要擅长与粉丝进行交流，并擅长用文字形式来表达。有些人认为只要有代笔就可以了，其实代笔的作用很小，毕竟与粉丝面对面交流的还是网红。

③ 能聚集粉丝

并不是说粉丝越多越好，更为关键的是，要使粉丝产生认同感。因此，网红要将更多的注意力放在粉丝评论与其反馈的信息上。如果优质粉丝的数量突破一万，就能达到良好的宣传与推广效果，之后，只要投入资本并借助粉丝进行二次推广，就能进一步提高覆盖面。

④ 提高粉丝的积极性

这一点比粉丝的总体规模更为关键，粉丝数量再多，没有活跃度也是白搭。比如，虽然淘宝平台上不乏明星店铺，但很多明星在产品推广方面并不擅长。对于社交电商而言，无法调动粉丝的积极性，就实现不了最终的变现。

（2）企业如何选择合适的网红呢

有些人认为，只要拥有漂亮的脸蛋儿就能成为网红，这种观点是完全错误的，因为除了外表，网红还需要具备很多素质。还有些经营者认为，只要重金投入，就能利用网红达到理想的推广效果，这种想法也不对，因为网红与代言人有很大的差别，企业只有与网红深入合作才能变现。因此，

经营者要在双方利益一致的前提下,整合自身与网红的优势资源,与网红达成长期、稳定的合作关系。

当下的网红主要来自于微博、微信、购物APP、视频类社交媒体等,只需查看社交媒体上显示的信息就能找到粉丝众多的红人,但经营者需要采用恰当的合作方法并发挥自己的资源优势,才能为网红挖掘粉丝价值提供保障。

此外,经营者需要明白的一点是,即使有了优秀网红的助力,也不能忽视自身的发展与完善。以服装行业为例,网红虽然能够调动粉丝购买服装产品的积极性,但如果产品基础没有打好,这种出于对网红的认可去消费的行为,就不会重复发生。所以,有很多网红店铺的经营只维持了一段时间便关门大吉了。只有保证产品质量,提高性价比,并在设计、颜色等方面满足消费者的需求,才能提高消费者的认可度,增加"回头客",否则,店铺很难获得长远发展。

(3)传统电商企业如何连接网红呢

网红的迅速发展引起了传统电商企业的重视,一些企业尝试通过与网红合作推动自身发展。例如,一些发展势头良好的网红企业,之前从事的是淘宝店铺的专营,在成功过渡后,他们的盈利能力迅速提高,发展也更加迅猛。其发展模式包括两个方面:一方面在短时间内吸引用户的关注,为社交电商积累足够的粉丝;另一方面通过团队组建,独立进行产品设计,保证产品供应以及网红店铺的正常运营。

当前的网红孵化,以产品设计开发与运营保障为主导,这些经营机构之所以能够获得发展,在于它们最先察觉到网红店铺的需求,并迅速切入,联手抢占有限的市场,获得了时间上的优势。

但究竟谁能成为最后的赢家呢?进入互联网时代后,流量入口由商业发达地区的实体店转移到知名购物网站(如淘宝)的商品搜索,在社交电商迅速发展的今天，下一个流量入口可能会转移到网红身上。当服装行业逐渐认清当前的流量转移形势时，会有越来越多的服装企业进军网红领域，并与同行展开激烈的竞争。

（4）网红模式的规模化路径

与传统电商不同的是，社交电商更侧重于将具有共同兴趣爱好或相同生活方式的人聚集到一起。所以，电商运营与网红运营是完全不同的，前者注重信息的渲染，后者则更加注重提高人的影响力。如果能够一次性打造出数量众多的社交明星，就能进行网红模式的规模化应用，这与经纪公司批量推出偶像明星有相似之处。

在粉丝经济模式的应用上，最为成熟的国家是韩国，其中最具有代表性的就是韩国的造星模式。韩国的娱乐公司，会对一批年轻艺人进行集体培训，从中选出具有发展前景的，组成偶像团体，这种经营方式，能够有效降低经营方因某个艺人流失造成的经济损失。另外，通过让艺人出演影视剧角色，能够增加其对观众的吸引力。

如今，韩国的明星产业已经发展得非常成熟。随着电商的不断发展及网红运营的成熟，网红模式可能也会向规模化方向发展。

（5）无社交不电商，网红经济全面开启

社交电商正处于快速上升阶段，网红对用户形成的强大吸引力与调动能力，使其商业价值不断攀升。随着网红曝光率的增加，其标价会随之上升，因而对合作者的要求也会进一步提高。因此，经营者要站在网红的立场上思考问题，在合作过程中实现共赢。

在移动互联网时代，电商的发展越来越离不开社交，经营者需要做的是，把握住先机，利用网红经济模式进行自身的变革与发展。

4.2.2　网红达人：重塑传统的社交电商模式

随着电子商务的不断发展，越来越多的企业加入这个领域，致使市场竞争愈加激烈。同时，原本相对集中的客户越来越分散，信息推广的难度也逐渐增大，导致经营者在用户吸引方面的成本消耗不断上升。在这种情形下，电商与社交相结合的商业模式得到业内人士的普遍认可。那么，社交电商模式的优势体现在哪些方面呢？

社交平台积累了大量的用户。传统电商平台的用户基础比较薄弱，而社交平台的大规模用户基础决定了其背后蕴藏的巨大商业价值，因此，社交电商给整个电商领域的发展带来了希望。例如，腾讯 2015 年第三季度财报显示，QQ 的月活跃用户为 8.6 亿，微信的月活跃用户为 6.5 亿，传统电商平台是无法达到这个规模的。

电商经营者联手社交平台后，能够充分利用社交平台积累的用户资源，通过深入挖掘用户的需求将其变成自己产品的消费者。如此一来，身为网络红人或与网络红人合作的经营方，在产品推广过程中就能够占据主导地位，使推广信息更加符合用户的需求。网红聚集起来的粉丝用户，通常拥有共同的兴趣爱好及价值观，因此，社交电商应该在垂直细分领域谋求深入发展。

通常情况下，用户会同时聚焦于几个领域，各个领域之间的交集很少，而关键意见领袖通常在某个特定领域内比较擅长或拥有丰富的经验，因而能够将具有共同兴趣爱好的用户群体集中到一起。所以，经营者能够根据用户群体的共性去挖掘他们的需求，在营销过程中占据主导地位，减少成本消耗。

在社交平台迅速发展的今天，粉丝经济模式顺势而生。粉丝用户不仅支持他们认可的品牌，还会进行品牌的传播与推广。社交电商的发展使得粉丝之间的联系大大加强，用户之间可以进行经验分享与交流，粉丝不仅能够获得满足自己需求的产品，还能得到有经验的人的指导。

所以，如果商家的产品有质量保证，并在此基础上树立了良好的品牌形象，那么，就能获得粉丝用户的支持，而且这些粉丝还会将产品推荐给其他人。在传统商业模式下，淘宝平台上的一些小规模店铺只是利用微博平台推广自己的产品，吸引用户到自己的淘宝店进行消费。如今，商家可以在微博平台上完成产品的推广、销售、用户反馈等整个流程。

社交平台的应用，使网络红人的推广作用得到充分发挥。统计结果显示，到2015年9月，微博月活跃用户已经突破2亿，导购达人的总数量大约为700万，这些意见领袖能够在很大程度上对用户的消费行为起到引导作用。商家凭借微博平台的推广。能够大大提高商品信息的传播范围。

移动分销平台"达人通"上的商家，比其他电商平台上的商家的库存积压要少。社交电商要想获得成功，就要不断提高影响力。虽然微信平台拥有大规模的用户基础，但对于微商而言，大部分流量是没有商业价值的。原因在于，相比微博，微信的私密性较高，大多数用户会排斥商业化明显的信息（如图4-6所示）。

因此，商业化信息在微信朋友圈中的影响力相对较低，只有极少数产品能够通过微信平台成功推广。微博的开放性要高一些，商业化信息的影响力也更强，是社交电商应用的主体。

"商家—渠道—顾客"模式（B2C2C模式）在应用过程中具有很强的竞争优势。在"达人通"实施的"商家—渠道—顾客"模式中省略了很多中间环节。导购达人根据自己的实力选择任务类型及具体数额，然后就可以将商品的推广信息发送到社交平台上。商品从商家直接到达消费者手中，无须经过中间商，不会出现层层抬价的状况，产品质量也能得到保证。

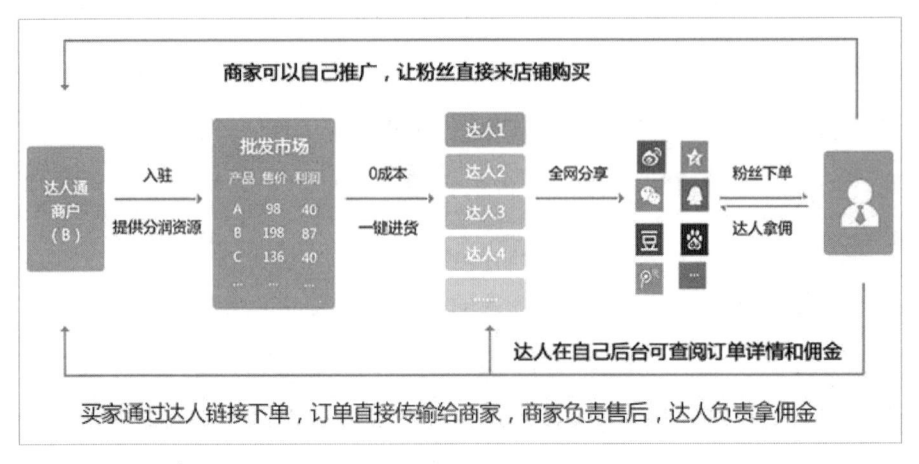

图4-6 达人通平台的运营流程

在这种模式下，导购达人凭借其在社交平台上的影响力，能够更加快捷、方便地提高盈利能力。导购达人经营店铺不需要什么条件，也不用经过层层审核。商家只要拥有营业资格，或者在淘宝、天猫的店铺地址，就能进驻达人通平台。

与腾讯、微商相比，达人通平台不仅省略了很多不必要的审核，还能确保消费者的权益不被侵害，因此很多经营商选择进驻该平台。此外，微博平台也会为商家推广提供渠道便利（比如广告发布），以扩大其宣传范围。

4.2.3 网红思维：基于社交平台的导流模式

淘宝于 2015 年 8 月 30 日召开了第一次"网红"现象沟通会，对当下大热的"网红经济"进行了详细解读。淘宝平台的统计结果显示，2015 年

8月，入驻该平台的"网红"店铺达上千家，其中一些店铺更新商品时能实现上千万元的营收。

通常情况下，人们所理解的"网红"是指某个领域某个面容姣好的关键意见领袖。他们发挥自己的特长，利用社交平台发展粉丝用户，对粉丝用户的消费行为进行引导，吸引其进店消费。在"网红经济"迅速发展的今天，这支队伍吸引了更多的人加入，规模越来越大。这支队伍中的队员都想在这个领域分一杯羹，于是相互间展开了激烈的争夺。此外，在移动互联网时代，用户的关注点很容易被引向其他方面，忠实粉丝也可能产生懈怠，因而，网红经济模式的发展仍然具有一定的未知性。

立足宏观角度分析，从根本上说，"网红经济"是指在品牌中融入人性化特征，借用社交平台进行推广，提高意见领袖的影响力，挖掘粉丝用户的商业价值。在自媒体领域最火的红人是罗振宇，他在经营"罗辑思维"的过程中卖出很多商品，包括图书、文具、大米、月饼等，获得的利润也非常可观。

事实上，网红经济由以下3部分组成：关键意见领袖、社交平台的推广宣传、融入人性特征的商家或产品。以社交平台为基础发展起来的"网红经济"，被业内人士视为是在社交电商发展大潮的推动下出现的。那么，移动社交电商是否能够借鉴网红经济发展的经验呢？商家应该如何运用网红思维获得自身的发展呢？

(1) 找准定位，对品牌进行人格化塑造

"网红经济"就是在品牌中融入人性化特征，意见领袖就代表品牌形象。品牌的形象设定可以有很多种，其人选可以是购物界、时尚界、摄影界、体育健身界、美食界等各个领域的专家。企业在确定品牌形象之前，要先认清企业本身及产品的特点，了解各意见领袖的优势与不足之处，明确消费群体的共性，制定系统、完整的战略规划，然后一步步去实施。

以"菓盒"为例,"菓盒"以线上销售水果为主导业务,属于生鲜电商的范畴。"菓盒"在发展初期,主要销售渠道是1号店和官方网站,2015年,"菓盒"加盟微巴人人店,利用微信平台进行产品的推广与营销,平均每天的销售规模达到5万单。近年来,虽然很多业内人士不看好生鲜电商的发展,但"菓盒"却从激烈的竞争中脱颖而出,原因是什么呢?

一方面,"菓盒"有清晰的定位,专注于中高端水果的采购、营销及配送服务,将其顾客群体锁定在特定的范围内。通常情况下,对中高端水果产品有需求,并利用微信平台或其他线上渠道进行支付的人,是那些收入水平较高,习惯通过线上平台购买产品,对生活品质有较高要求的人。

那么,如何才能引入有效流量呢?

一般情况下,人与组织或机构很难建立密切联系,但人与人建立联系比较容易。商家要加强与消费者之间的联系,就应该在企业品牌中融入人性化特征,而"菓盒"就是一个典型的代表。

"菓盒"的首席执行官"壮爷",在消费者群体及代理商中拥有很高的声誉。他有很多特点,比如,他虽然年轻,但已经身为父亲,这让人觉得他对产品及消费者负责;他曾在上海农产品批发市场做过多年的食品安全相关工作,让人觉得他是这个领域的专家;他毕业于知名大学,让人觉得他有足够的文化水平等。他的这些突出特点与企业及产品本身非常贴合,加上其创业经历、品牌内在的价值等,将企业的精神内涵、责任追求、产品质量的保证等都巧妙地表现出来,于是,企业其经营者成为企业形象的代言者。通过"壮爷"的身份定位,消费者更容易对品牌及产品产生信任感。

(2)持续输出有价值的内容

当然,仅仅在企业品牌中融入人性化特征是远远不够的,虽然这能够吸引一批用户，但却无法使用户产生消费需求。而且在信息泛滥的当下，用户关注的领域比较多，忠实用户也很可能从一个领域转移到其他领域。

如何才能调动粉丝的积极性，并激发他们的消费欲望呢？最关键的是，要不间断地推送优质信息，与用户保持情感上的联系。在网红经济模式下，关键意见领袖能体现出品牌的独特性与优势力量。粉丝之所以购买网红推荐的商品，不只是因为商品符合他们的切实需求，还因为网红的推崇与信任。网红的价值观念与生活方式能够对用户产生重大的影响，甚至引发用户竞相效仿。

"高跟73小时"是一个知名度很高的高跟鞋品牌，在2015年风靡微博平台。很多人之所以去淘宝购物，就是冲着其低价去的，但该品牌的鞋子价格并不低，很多都是上千元，而其销售渠道主要就是淘宝店铺。"高跟73小时"拥有众多粉丝，当该店的产品更新时，粉丝们争相购买，一个小时之内，就会出现销售告罄的现象。

"高跟73小时"的经营者赵若虹有着资深的媒体行业从业经历，因而，她经常通过微博平台发布一些吸引人的文章，引起粉丝的强烈共鸣。她的微博不仅仅是简单的产品推广，还经常输出一些有关潮流、生活、健康的信息内容，她将自己打造成了一个热爱生活、享受人生的时尚达人，很多粉丝很向往她的生活状态，而高跟鞋又是时尚女性必备的元素，因此理所当然会购买她推荐的产品，以期望自己也能过上那样的生活。

综上所述，在通过社交平台向粉丝用户传递信息时，应该注意以下4个方面：

① 持续不断。从根本上来说，就是不间断地向粉丝用户传递自己的品牌与商品信息。

② 在传递信息时，要抓住用户的需求与兴趣点。例如，在"菓盒"的消费群体中，新生儿父母占据了很大一部分，这些人群注重产品安全与质量；"高跟73小时"以白领一族为主要消费群体，这类人群更加注重生活的品位及心态的保持。

③ 不断发掘用户的深层次需求。关键意见领袖输出的信息内容与其自身的知识水平、视野范围等密切相关，只有不断扩充自己的知识库，才能保证内容的价值，并使其符合用户的兴趣与需求。如果关键意见领袖停留在原地，其发布的信息内容就可能逐渐失去吸引力。例如，papi酱不断寻找时下大众关注的焦点话题，并以独特的风格呈现出来，在线上平台吸引了众多粉丝。

④ 利用多种平台发布信息内容。找到粉丝用户的聚集地，在应用微博、微信等平台的同时，关注粉丝用户应用频率较高的平台，将其作为信息输送渠道。例如，年轻用户经常使用的微拍、美拍、小咖秀等。

（3）注重粉丝运营与用户体验

传统店铺的经营者与消费者之间只是单纯的交易关系，双方之间的情感联系非常少，而网红店铺则不同，粉丝可能是网红的崇拜者，也可能将其视为好友，他们彼此之间的交流更加深入。这种关系越紧密，就越能激发粉丝的购买欲望。

网红利用社交平台与粉丝进行沟通交流，提高粉丝的认可度，拉近与粉丝之间的距离，不仅能够增强粉丝用户的依赖性，还能借此了解用户的需求，不断完善自己的服务、改进产品。有些网红店铺在更新产品时，会先征求粉丝的意见，并根据粉丝的评论最终决定选择哪种新产品，这样能够提高销量，减少库存积压。

除了服装行业能够采用这种模式外，一些罕见产品品类的销售也适合采用这种方式。比如"菓盒"在经营常见水果的同时，也会去各个地区开发新的水果产品，并以图片、文字的形式将其上传到社交平台上，让粉丝及更多消费者了解这些稀有水果。之后"菓盒"会与粉丝进行交流沟通，并根据粉丝购买意愿的强弱来决定采购量。

概括而言，经营者首先需要加强与消费者之间的联系，提高其重复购买率；其次，要增强消费者的认可度，提高平均交易金额；再次，要注重自身产品与服务的升级，提高用户的忠诚度。

网红经济凭借社交平台的应用，在品牌形象打造、产品营销等方面突破了传统思维模式的限制，其他靠社交电商平台发展而来的企业应该借鉴其发展经验，进行自身的改革与完善。

4.2.4　社交电商的未来："熟人+社群+网红+场景"模式

近年来，社交电商发展得异常迅速，然而，获得成功的只是一小部分，这主要是因为电商与社交相结合的发展模式并未凸显出太大的优势。很多经历传统互联网时代的电商平台发现，社交平台的应用并没有对其发展起到明显的推动作用。

微信小店的出现曾在社交电商领域激起千层浪，很多业内人士认为，微信小店的发展会给淘宝带来冲击，使第三方经营无路可走，但不久，京东与腾讯达成合作关系，人们对于微信小店的关注越来越少。这并非是因为社交电商很难真正落实，而是以下4种因素决定了社交电商的发展方向。

（1）以熟人电商为主的强关系

在传统商业模式下，交易双方通常并不互相了解，熟人电商则不同，它建立在强社交关系的基础之上。传统商业模式下的商业规则不对外公开，经营者获得的利润主要来源于信息差价，而在信息社会发达的今天，商业规则已经不再隐秘，人们的消费习惯也已经改变，相比于自己在网上搜索的商品，用户更相信好友的推荐。

消费者的认可是熟人电商发展的基础。除了对经营者的认可，对于消费者而言，更为关键的是产品的质量与性能，因而，大多数人会选择相信熟人推荐的产品。基于这种强关系发展起来的电商模式，能够有效增加用户黏度。

（2）以社群电商为主的中关系

在大多数情况下，当一个人在某个领域（特别是媒体行业）取得一定成就并获得大批追随者之后，就会通过建立社群电商来挖掘用户的商业价值。原因在于，这样能在短时间内将具有同性但分散在各个领域的用户集中到同一个平台上，通过确立共同的价值观，使用户对平台产生认可。按照发起者的不同属性，可以将社群电商分为两种：一种是个人发展起来的社群电商，比如，罗振宇的"罗辑思维"；一种是企业建立的社群电商，比如"小米"。

企业建立的社群电商一般都有自己的主导产品，粉丝对产品的更新与完善充满期待。个人发展起来的社群电商则主要通过发起人或意见领袖的影响力与价值输出来凝聚用户。

但从根本上来说，这些社群关系都是中关系，因为绝大多数消费者在购物前会详细了解商品信息、质量、价格以及相关服务等，在对照与参考其他产品后才会做出决策，所谓的"盲目的粉丝"还是很少的。

（3）以"网红"电商为主的弱关系

网红既是社交达人也是意见领袖，他们有自己擅长的领域，并获得粉丝的认可与推崇。他们通常站在时尚的前沿，他们的意见能够获得粉丝用户认可并能引导其行为，能够帮助粉丝用户在短时间内从众多电商平台中找到自己需要且质量可靠的产品。

网红很可能会成为移动互联网社会中的下一个流量入口，因此很多电商平台开始寻求与网红合作的模式。但问题在于，他们很难对网红的入口价值做出精准的评估，因为大部分网红对粉丝的了解比较少，可能抓不准他们的兴趣点，同时，粉丝彼此之间的互动也很少，没有强关系维持，他们的关注点很容易会转移。

所以，网红无法成为统一性标准产品，在运营过程中，如果长时间不进行革新用户就会产生审美疲劳与心理厌倦。但不可置疑的是，网红确实能够在短时间内使某种产品跻身畅销榜。

（4）人即场景

有用户的地方，就会产生场景。如今，QQ、微信、微博等社交平台聚集了大量用户，由此产生的购物场景吸引了众多商家的关注。对社交平台而言，他们要解决的关键性问题便是如何将商品与推广信息传递给有需求的用户。如今，用户的消费行为及习惯已经与传统模式大为不同，因此，社交电商企业更要深入分析用户需求，学会场景营销。

传统电商经营模式以大规模的流量为基础，如今，其竞争优势逐渐减弱；而社交电商能够更好地利用强关系资源。未来，涉足社交电商领域的实力型企业可能会不断增多。另外，社群电商、熟人电商、网红电商的发展也会呈现出新的面貌。

4.3 微博网红：社交时代，平台与网红的互生共赢

4.3.1 微博战略：构建兴趣聚合的社交电商

2015年年底，杭州西湖湖畔举行了新浪微博"微电商年度盛典"。在这个盛典上，一些微博电商的重要数据被公布出来。其中，2015年微博时尚红人微博阅读量已经超过1500亿次，互动量也高达3.2亿次。

这个数字是什么概念？仅仅是3.2亿次的互动量就已经让垂直电商望尘莫及。红人与粉丝之间的高频互动在微博上达到一个顶峰，而这种互动中蕴含着无限的商机。基于此，微博趁势宣布自己在2016年的微电商策略，即继续把重点放到扶持微电商达人和导购达人上，提供平台来扩大其影响力。

由此不难看出，什么是微电商做大的本质？答案就是网络红人。他们承载起了沟通商业与消费者之间密切联系的重任。

（1）网红的意义何在

网红，也就是网络红人，即在网络平台上具备一定影响力的人。但现在人们对于网红的理解似乎有些狭隘，认为网红就是容貌出众、在网上时尚领域活跃度高的女性。这个概念代表了大部分人对网红的认识，使得网

红这个词褒贬意义不明。

但在微博电商的领域，网红的意义却完全不同。除了漂亮的女性，微博电商界还有这么几类网红，他们的容貌或许只能用普通来形容，但他们的能力和才干却足以让其蜚声"网坛"。比如电商先锋龚文祥、微博营销杜子健、情感作家陆琪等。

陆琪是微博电商的网红，他牢牢把握着微博电商"卖货"的本质，借助"微博橱窗"这一卖货平台推出产品，在他发布商品信息的当天成交量就高达几十万。这说明陆琪已经完美地实现了从流量到购买的进化，把粉丝成功变为了顾客，实现了一个自媒体的变现价值（如图4-7所示）。

图4-7　陆琪的微博

对于微博电商来说，网红是一个高信息量、高精准度的粉丝集散地，超高的流量转化率为微博电商打下了坚实的基础。换句话说，如果流量不能实现高效的转化，微博的优势便无从施展。因此，微博红人、时尚达人、专家等群体是微博前期扶持的重点对象，他们手下聚集的粉丝才是日后微博电商发展的重点所在。

（2）脱离了单纯社交意义的社交化

在互联网时代，"社交"已经不再是一个新鲜名词，社交平台层出不穷，都试图搭建能够沉淀人群的平台。但是这些平台还是以单纯的社交意义为目的吗？在社交普及甚至是泛滥的当下，社交平台沉淀用户的功能已经不是个问题，其进入门槛极低，但是转化成融资又十分困难，最后只能停留在一个尴尬的境地。而微博电商正是找到了这种泛化社交的症结所在，才展开的精英化集结点的培养，达人电商、红人电商等像一个个磁体，把不同群体分类，并大幅度提高了转化率。

靠脸来赢得关注的时代虽然没有完全过去，但是其审美疲劳期正在到来。大家看够了"锥子脸""一字眉""桃花眼"之后，好像觉得这些也都差不多。所以，在微博电商时代，聪明才智和敏锐的商业嗅觉以及善于经营粉丝的能力，成为新一代电商网红的制胜法宝。比如，聚美优品CEO陈欧亲自上阵，耍帅、献声、抽红包、送福利等接连不断；龚文祥每日更新电商头条，精选信息分享。这些行为都需要一个具有号召力的人来引导，促成从流量到购买的转变，这个人就是微博电商的红人。

"刷脸"的道路已经渐渐走不通了，最具有生命力的做法还是靠兴趣之间的聚合搭建起一个完整的消费场景，由此进一步促进微博商业生态环境的完善。而其中,网络红人与粉丝之间的互动,是最直接有效的社交渠道。与明星不同，网红更像普通人，能减少粉丝的疏离感，其分享的一张照片、一杯饮品、一朵旅途中的花，看似没有关联而琐碎，但网友却能通过对其评论和转发，参与到网红的生活中，真实度极高。

对于微博电商来说，最主要的问题就是在吸引粉丝和后期的粉丝转化之间找到平衡。在商业时代，互联网上的营销行为都具有趋利性，因此，网红落户在哪个电商平台，基本上是由金钱决定的。如何培养忠诚度高且价值高的网红，是社交和电商平台重点关注的问题，因为这关系到社交电商的成败与否。

4.3.2 平台扶持：启动微电商达人招募计划

微电商达人招募计划是微博针对将个人影响力变现，而提出的一个达人圈建立计划，于2015年9月在首期"微电商达人梦工厂"活动上正式启动。该计划将会最大限度地利用微博资源和流量优势，为达人提供全方位的扶持，力图扩大其影响力，建立规模最大的微电商达人圈，帮助其实现个人影响力的变现转化。这一计划将成为微博踏足社交电商的探路石。

"微博橱窗"的推出意味着微博开始实行新的电商战略，即以"达人推荐"为中心来进行产品的推广。经过前期一段时间的达人培育，微博已经在各个领域培养了超过2000万的达人，并通过达人形成了商家与粉丝互动的社交链。微博橱窗为达人提供推广产品的标准化工具，操作便利，因此颇受欢迎，面世第一个月用户就骤升至50万。

微博橱窗之所以能在促成交易方面取得不错的成绩，主要原因在于其借助达人前期积累的影响力以及良好的产品体验构建出消费场景。相较于电商平台来说，微博最大的优势在于实现了"场景消费"。据统计，在微博上通过推荐而售出的化妆品、图书、数码产品等要高于其他形式的推荐。比如，陆琪使用微博橱窗之后，其作品销量短时间内就翻了4倍；龚文祥的新作《传统企业如何做电商及微电商》在使用微博橱窗后也在短期内销售一空（如图 4-8 所示）。

图 4-8 龚文祥的微博电商专家认证

以上案例表明，达人推荐的效应非常之大，这也进一步坚定了微博在"网红经济"上走下去的决心。达人对于消费者的消费倾向具有引导作用，而实际上，消费者在网上购物或多或少都受到了某些引导，那么为何不听从更加专业的消费意见、商品推荐呢？通过达人的作用，微博在消费过程中所起到的是有利于消费者接受的、良性的引导。对于达人们来说，借助微博平台推荐产品获得收入，实现自己影响力的变现，这显然是平台、消费者、达人、商家等多方共赢的举措，是商业生态环境的进一步优化。

微博推出的微电商招募计划，实际上也是为了吸引更多优秀达人进驻，促使更多的流量向购买转化。用户在提出微电商达人申请之后，会获得相关认证，获得微博提供的补贴，其分享的内容也将得到微博官方的推荐。不仅如此，这些用户还能获得优先入驻天猫、淘宝等与微博合作的电商项目的权利。

就目前的发展现状来看，达人和网红已经成为微电商发展中一股不可忽视的力量。他们利用自己的才华和智慧沉淀了大批粉丝，号召力和影响力显而易见。在粉丝经营中，通过与粉丝的密切交流互动，网红们的社交关系网络将由线上向线下进一步延伸，其互动行为将成为引导消费的关键因素。身处不同领域的达人正在利用自己的影响力，把各个领域的消费整合到一起，微博招募这些人也正是想利用其这种能力来挖掘消费群体，普及微博橱窗在不同领域的应用。对此，微博拿出了自己的诚意，与各个领域的网红或者经纪公司进行协商，为其提供有力的扶持条件。

(1) 如何完成微电商达人注册？

要想成为微电商达人并获得扶持，首先要满足以下3个条件：首先，粉丝人数要超过1000人；其次，微博分享要积极，并且分享的内容品质要高；最后，有商品在售或者善于在自己的微博中进行产品推荐。

符合这3个条件之后用户就可以进行微电商达人注册，具体步骤如下（如图4-9～图4-11所示）。

图4-9 注册步骤一

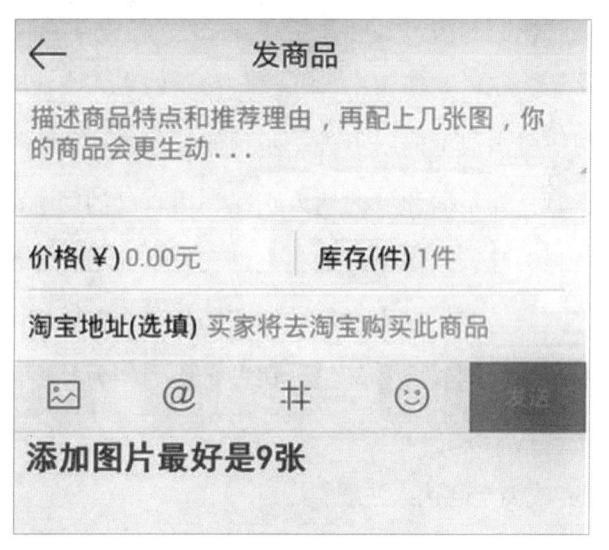

图4-10　注册步骤二

图4-11　注册步骤三

简单来说，微电商达人招募就是要聚拢优质网红和达人，为其提供交流和分享平台等各种扶持，并帮助其进一步提高流量变现的能力，使其获得更好的商业化成果。

（2）微电商达人拥有哪些特权

在微博的大力扶持下，微电商达人拥有哪些特权呢？

★申请成功后会点亮微电商达人的专属身份；
★达人通过微博橱窗发布商品，可以领到一定的补贴；
★达人推荐其他达人入驻并申请通过，推荐人会获得相应的推荐奖励；
★可享受由微博官方提供的流量变现扶持。

此外，微博橱窗还通过算法加持来提高商品的曝光率。通过微博橱窗发布的产品能够获得算法的推荐，并能在互动中通过网友的点赞和评论来获得更多曝光，使营销效果进一步扩大。

下面我们来详细解读一下点赞的作用。

在微博评论中，评论收获的赞足够多，就会成为热门微博，被推上评论区靠前的位置，获得更多曝光。那么，点赞的权重是如何分配的呢？

不是所有赞都有相同的分量，不同权重的赞影响评论的排位。权重由高到低分别是博主的赞、博主关注人和粉丝的赞、实名认证用户的赞。当然，微博会员的点赞也有相应的加权。那么，在了解注册流程以及相关曝光的问题之后，卖家应当如何更好地利用新浪这一平台呢？

第一步要做的就是想办法满足成为微电商达人的几个条件，申请成为微电商达人；接下来，利用微博橱窗这个平台对接店铺，做好为店铺引流的工作。此外，要注意的是，要仔细研究微博平台的曝光技巧，最大效率地使微博平台为自己的营销提供有效资源。

微博是微电商达人的支持者，反过来也是一样。微博招募优质的微电商达人，形成一个交流圈，为其搭建交流平台，同时利用官方资源为其提供支持，并帮助其更好地实现流量商业化。同时，达人们也在充分利用微博的平台和资源，积极为自己的电商营销引流，发挥出粉丝经济的最大价值（如图4-12所示）。

图4-12　微电商达人微博示例

4.3.3 网红电商：微博平台盈利的重要渠道

2013年4月29日，阿里巴巴宣布向新浪微博注资5.86亿美元，并在在线支付、网络营销等各个领域与新浪微博展开深入合作。自此，新浪微博发展社会化电商的道路更加顺畅。2015年12月16日，新浪微博提交了在此领域发展的第一份成绩单：截至2015年11月底，其推出的移动社交电商产品——微博橱窗已经形成一定气候，用户已经超过了百万；使用微博支付的用户已经接近5000万；而在平台上签约的微电商达人已有10000多人，电商自媒体也有了5000人。

除此之外，那些在微博上风生水起的红人的微博阅读量，已远远超过1500亿次，仅互动量就达到3.2亿次。众所周知，天猫、淘宝在2015年"双11"期间实现了912亿元的交易额，其中就有新浪微博所做的贡献，同一时期网络红人在微博上发布的购买信息有超过16亿次的浏览量。而相关数据也显示，在2015年，通过微博浏览实现的交易转化有非常大的进展。

2016年，新浪微博将继续电商化道路，对较为优秀的导购、微电商达人进行招募、实施扶持是其重心所在，目的是实现网络红人的影响力变现，这样便可以建立起一个围绕自媒体与达人的社交电商圈，打造出一个健康有序的社交电商生态。

强强联合的阿里巴巴与新浪微博动作不断，2014年推出了微博支付，2015年推出了海淘派频道。当下，上千名达人已经从海淘派频道获得数千万元的分成。如今，这已经成为新浪微博一个不容忽视的盈利途径。

（1）红人经济已成核心

仅在2015年"双11"期间，微博上比较活跃的时尚红人的微博阅读量就超过了112亿次，有近5400万次的互动量。正因如此，新浪微博才为广大用户所诟病，因为只要打开主页，就能看到淘宝电商广告见缝插针地出现,这种越来越商业化的趋势使得用户体验受到极大的损害。而之所以出现这种情况,是因为成千上万的网络红人淘宝店主的积极推广。

曾经参加过最有影响力的2005年超级女声选拔的魏滋孜,就是其中一个较为知名的网红店主。她加入淘宝的时间并不长,年销售额也仅仅在1000万元左右,然而其利润却十分惊人,能够达到20%~30%。在她的淘宝店铺购买商品的多是她微博上的粉丝,他们在她微博主页上看到她的造型与穿着,便会转移到她的淘宝店铺购买。

相比于她刚刚出道时只有一两百元收入的境况,如今淘宝店铺所带来的盈利可谓是上了好几百个台阶。不过,现在活跃在微博上的时尚红人至少有十几万之多,其中已形成较大影响的也越来越多,若想从中拔得头筹并不容易。

为了能够将店铺推送给广大用户、维持活跃度,魏滋孜每年都需要花费几十万元来做广告,毕竟微博所带来的信息量浩如烟海,如果不进行投入,就很难获得回报。

用户购买商品,其实也是期望能够借此来接触另外一种生活。很多用户在决定是否进行交易时,多是以朋友的口碑推荐以及关注的微博大V的推荐来作为判断依据的。以往,商家在展示自己的商品时倾向于选择明星,以此来显示商品的档次,然而,他们如今更喜欢选择比较接地气的网红。

(2)用明星买手提升活跃度

此外,作为电商不可或缺的力量,电商自媒体已经逐渐形成了一定的规模。综上所述,截至2015年11月,微博的电商自媒体已经超过了500家,与电商相关的微博共有111万余条,阅读量累计达到61亿次。

据相关分析显示，在微博电商的活跃人群中，年轻人所占的比重非常大，超过总人群的90%，其中19～24岁的人群最多，占40%，25～34岁的人群占28%，而18岁以下的人群则占20%。

目前，作为主要购买力人群的80后90后有比较多的空闲时间，而且购买力非常强。然而，已经固化的传统电商模式很难满足他们追求新颖、个性的消费需求，于是那些极具个性化的商品以及长尾商品成为他们追捧的对象。

比如"海淘派"，就招募了111名明星买手，涵盖的领域广泛，各类商品都有涉猎。这些人不仅海淘的经验十分丰富，还具备过硬的文案功底，如此一来，他们就可以将推介商品的文字写得引人入胜，减少用户对广告的抵触。

这其实与微博平台非常契合，因为这样既可以通过比较活跃的网红和自媒体达人来推动社交电商化的发展，又可以使得此平台能够保持一定的活跃度。

对于垂直领域的自媒体用户，新浪微博给予了强有力的支持，一方面不断鼓励他们发布优质内容，并且与粉丝进行良好的互动；另一方面则不断地进行技术升级，优化图片与视频等方面的用户体验，使得用户发布的内容更加多媒体化。

（3）深化微电商生态运营

事实上，如今风生水起的新浪微博在创立之初也遭遇过尴尬期，其热度虽然一直持续着，但却没有足够的盈利来维持，而且微信的崛起也在移动端与之叫板。然而，在选择与阿里巴巴进行战略合作之后，新浪微博所面临的困境有了转机。2013年7月，新浪微博推出新的产品——

粉丝通广告，主要用来推广天猫、淘宝平台上的店铺。然而，此产品的市场反应平平，而且还使得大多数用户产生了抵触心理。

沉寂了一段时间后，微博又在2014年开始新的试水。2014年年初，微博推出支付功能，并将之与支付宝账号进行连接，从而使得电商交易初步形成闭环。

根据新浪微博的财报显示，2015年第四季度微博营收达到1.49亿美元，同比增长42%，盈利达到3290万美元，同比大增258%。即便是不将阿里巴巴的广告算在内，微博在该季度的营收也是十分惊人的。目前，微博全年的广告收入已经超过4亿美元，广告主的数量近67万。其中，在微博的广告收入中，非阿里巴巴的广告的同比增幅达到69%。此外，财报还显示，其广告在移动端的收入正在超越PC端。

当然，与Facebook和Twitter的广告收入相比，微博还有很长一段路要走，但其上升的空间也是非常大的。在未来的发展战略中，新浪微博仍然会在优质内容、意见领袖以及网络红人等方面的投入上加大力度，努力为微电商的生存创造出更优越的环境，并深化其生态运营。

人口红利的时代已经过去了，如今电商行业的集中度越来越高，其在发展的各个阶段都将面临巨大的挑战，无论是设计还是运营推广。如果能够将粉丝与社交效应充分利用起来，积累并沉淀自己的核心用户，就能够以较低的成本获得较高的产出。

但是，在消费日益理性化与透明化的今天，新浪微博要想获得长远且健康有序的发展，就必须要找到商业化与用户体验之间的平衡。

4.3.4　网红电商如何利用微博平台营销推广

在网红经济的商业模式中，人是最为核心的一个载体，其当下的发展已经逐渐从个人的商业变现过渡到公司化的商业游戏。在这一经济模式中，若想取得成功，必须牢牢把握4点，即利用社交渠道进行内容产出、从产品的设计和视觉吸引眼球、进行供应链管理以及做好店铺运营。

其实，我们可以将这一模式看作是社群经济时代时尚的一种新的演化。一方面，网红可以与粉丝进行持续的互动，从而了解目标受众的消费需求；另一方面，供应链能够有快速的反应，将产品进行预售，这样就不会有库存积压的后顾之忧，所有的业务都以数据为依据，如此一来就能够倒逼供应链进行改造。

然而，在如今信息浩如烟海的大环境下，网红电商若想取得一定的成绩就必须做好营销，那么他们是如何做的呢？

（1）网红的"自我修养"

在那些惊人的交易量背后，是社交平台上动辄百万的粉丝。事实上，当我们去了解网红们的成长之路时就会发现：他们多是年轻漂亮的时尚达人，有着颇高的品位与眼光，并以此来进行产品款式的选择以及视觉推广，慢慢地在社交平台上聚集人气，沉淀一批较为忠实的拥护者，然后再依托这一群体实施定向营销。

抛开那些借机炒作、想要趁机大捞一笔就消失的人不谈，网红电商们绝对不像看上去那么轻松。对于他们来说，如何与粉丝互动并从中发现粉丝的消费需求，进而引导他们在自己的店铺中进行消费，是必不可少的技能。

网红绝不是一蹴而就的，而是一个系统化的过程。即便已经有了一定的人气，也不能懈怠，只有保持一定的活跃度才能维系粉丝的黏性，才能在产品上新时进行有效的推广。

网红们在微博上更新，大体可以分为3种类型：一是化妆等相关的教程；二是自己的日常生活；三是工作相关的周边。他们发布的形式多是以图片为主，偶尔也会发一些趣味性较强的长文章，虽然文章内容各有不同，但都有着极强的目的性和针对性。

① 第一种类型，目的在于吸引更多的新粉丝。2015年7月，一段名为"短发妹子福利五分钟速成丸子头"的视频在短时间内得到了5000余次的转发，发布者大金瞬间跻身网红行列。在她看来，微博其实就如同一本杂志，应该提供一些有营养的内容给大家。

② 第二种类型，是网红最经常分享给粉丝的，尽管内容不同，但当他们将之分享给粉丝时，更容易使粉丝产生亲近感，增进彼此之间的互动黏合。当然，除了这些较为接地气的生活片段之外，他们更愿意将自己或甜美或优雅的穿着打扮以及旅行故事分享出来，打造出一种令人向往的生活方式与状态。

③ 第三种类型，可以为产品上新做铺垫，一些与工作相关的趣味小花絮，可能会让粉丝对即将上新的产品产生期待。

（2）微博商业广告助力网红获取大量曝光

① 粉丝头条

粉丝头条是新浪微博推出的一款推广产品，是需要单项付费的。当你发布某条微博时，如果使用这一产品，该条微博就可以在24个小时内出现在粉丝首页信息流的第一位。也就是说，粉丝只要打开微博就能够第一时间看到你发布的这条微博，而且，这条微博的左上角还会有"热门"的标识。网红电商们在有产品上新时都会选择这一产品，以此来提醒粉丝关注。

② 粉丝通

粉丝通是新浪微博推出的一款营销产品，能够将企业、产品的信息广泛地传递给粉丝以及潜在的粉丝。也就是说，广告主可以通过这一功能将自己发布的产品信息推送到非粉丝的微博首页上，而且还能够参考大数据，选择指定的用户群体进行广告信息的推送。

③ 微博橱窗

微博橱窗是新浪微博应用的一种，是由微商开发出来的、基于兴趣与社交关系推荐的技术产品，能够在社会化媒体上发布商品信息，而且能够直接向淘宝进行导流。

第五章

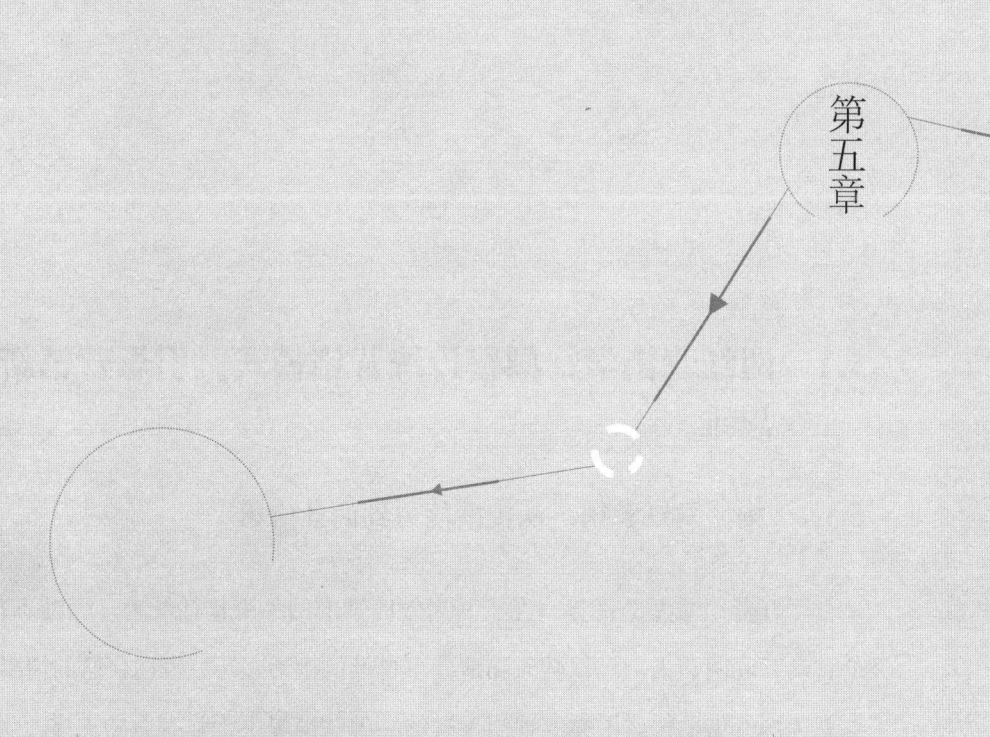

网红营销：社群粉丝效应下的营销"裂变"

5.1 网红营销学：颠覆传统营销模式，引爆营销新思维

5.1.1 揭秘网红营销：从传播能力到商业价值

网红营销最大的优势，在于其高效而精准的品牌传播能力。无处不在的移动互联网让人们可以随时随地分享自己的生活经历、表达自己的情感，这就为网红借助粉丝群体实现病毒式的品牌营销提供了强有力的支撑。

良好的互动是网红营销获得成功的关键，它能增强粉丝群体对网红品牌的认可度及忠实度，从而与网红建立信任关系。此外，在网红营销过程中，会有许多营销公司借势进行营销推广，这也进一步提升了网红营销的影响力。

网红的形成与许多因素有关，其中最为关键的，就是网红展现出来的气质。"气质"一词在2015年年底变得异常火热，在各大社交媒体平台被广泛使用。气质包括多种类型：高雅、恬静、温柔、大方、果断等。较强的气质能有效激发粉丝情感的共鸣，网红进行品牌传播时，也更容易获得粉丝的认可。

网红营销成本较低，传播效率极高，营销更加精准，依托粉丝群体在

熟人社交的朋友圈中进行传播，具有更高的转化率。在移动互联网时代，消费需求呈现出个性化、实时化、移动化、碎片化的特征，完美迎合了这些特征的网红营销迎来了快速发展期。

由于网红营销具有互动性强、低成本、营销更为精准等方面的巨大优势，其展现出的巨大潜在商业价值受到了社会各界的广泛关注。与一般的粉丝经济相比，网红经济可以使网红发挥其在某个特定领域的专业优势，更加精准地引导粉丝参与到价值创造活动中，从而大幅度提升营销转化率。

在网红产业链中，参与的主体包括：各大社交媒体平台、网红、网红孵化公司、品牌商、供应商、电商平台、物流公司、广大粉丝群体等。

与国内涌现出的大量创业公司相比，具有明确商业模式的网红，具有较大的优势。在成功率方面，网红占据绝对优势。网红在发展初期，不需要投入太大成本，只需专注于自己的内容，当积累一定规模的忠实粉丝群体后，再进行商业价值变现。这就需要网红创造出更为优质的内容，让粉丝群体体验到更多的趣味性、新鲜感，从而产生情感共鸣。另外，与高高在上的明星相比，网红具有草根属性，更加亲民，更容易吸引粉丝参与互动。

在《咬文嚼字》杂志公布的2015年度十大流行语排行榜中，"网红"一词位列第九。其对网红的解释为：由于受到网民追捧而走红的网络红人。网红走红的因素包括多个方面，如特立独行的言行举止、特定的网络事件、网络推手或营销公司的炒作等。

与日薄西山的门户网站相比，社交媒体平台在移动互联网与智能手机的结合下，展现出强大的能量，传播效果达到前所未有的高度，更容易获取粉丝群体，许多领域的专业人士甚至能够积累上千万粉丝。但在信息过载的互联网时代，人们的精力被过度分散，很难对某个人或某一市场持续关注。

不难发现，以新浪微博为代表的社交媒体平台在爆发式增长期之前，出现了凤姐、奶茶妹妹等全网红人。这背后隐藏着深层次的原因，社交媒体崛起后，以几何倍数增长的信息，令人们对某个热点人物及事件的持续关注度及关注时间大幅度下滑。即使是像马航失踪、东方之星游轮沉没、天津港爆炸等在全世界引发关注的热点事件，也会由于社交媒体强大的信息传播能力，导致人们在短时间内就将其遗忘。

于是，想要在社交媒体平台全面崛起的年代成为全网红人的难度明显增加，通过自拍照就能获得大量粉丝群体关注的年代已经远去。况且，许多网红本身也缺乏核心竞争力，他们走红的方式很容易被后来者复制，而且一段时间后，粉丝群体也会产生审美疲劳，如果网红没有持续的优质内容生产能力，在极短的时间内就会被人们遗忘。网红需要像企业一样更多地专注于细分市场、专注于产品及服务的创新，通过发展差异化竞争来拓宽自己的"护城河"。

目前，国内的网红群体虽然人数众多，但是让人们印象深刻的全网红人却屈指可数，大部分网红活跃在一些特定的小圈子里，和几万名粉丝进行互动。

2016年4月21日，网红"papi酱"广告拍卖会落下帷幕，其以2200万元的天价广告费刷爆了各大朋友圈。"papi酱"制作的短视频紧扣当下热点，成功吸引了1200多万粉丝的关注。但本质上，papi酱与其他的网红并没有太大的差异，其吸引粉丝的看点，还是停留在搞笑、吐槽的层面上。虽然有自媒体品牌"罗辑思维"为其进行商业背书，但一旦其内容质量下滑或者网民的兴趣爱好发生改变，其变现能力将会大幅度降低。

能够持续创造有价值的内容，积累变现能力强的优质粉丝群体，是网红群体能够持续发展的核心所在。如今的网红相比门户时代的网红要幸运得多，移动互联网已经给他们提供了最好的舞台，但如何获得观众的认可，还需要他们在内容上下工夫。

智能手机及移动互联网的不断发展，使网红经济及第三方服务市场实现了快速崛起。2015年9月，国内首个网红营销推广资源交易平台"淘公号"正式上线，其目前凭借着自身优势吸引了众多网红入驻。淘公号致力于为网红提供更为广阔的发展舞台，帮助其完成价值变现，为众多的企业级用户提供全方位的社会化娱乐营销整体解决方案（如图5-1所示）。

图5-1　淘公号

在互联网世界中，真正创造内容的群体只占1%，其他用户都是参与者，他们主要是评论及分享。淘公号要做的，就是把真正创造内容的少数用户聚集起来，发挥其协同效应。目前，在淘公号平台上，企业可以借助以"黎贝卡的异想世界"为代表的诸多网红账号帮助自己进行品牌推广。

网红市场的快速发展，反映了移动互联网时代人类社会所发生的巨大变革。目前，互联网已经成为人们生活及工作的重要组成部分，在互联网思维的不断渗透下，人们的消费习惯及需求心理都发生了明显的变化。网红给人们带来的不仅仅是产品信息，更是一种全新的思维方式及生活理念。

5.1.2 网红营销的核心：以内容塑造人格化品牌

"网红"这一概念最早可以追溯到10年前的门户时代，从在论坛中崛起的芙蓉姐姐到微博时代的凤姐，再到直播平台的电竞主播等，随着时代的发展，网红群体也在不断更替。

而网红真正崛起，则是在2015年举行的"淘宝网红经济研讨会"之后。那些拥有独特品位、丰富才艺的网红群体，凭借其拥有的海量粉丝及强大的变现能力被外界广泛关注。人们注意到，网红在经过一定的开发培养后，可以释放出巨大的商业价值。

从本质上来说，网红是以内容塑造并强调人格化品牌、拥有极强的影响力及信息传播能力的网络形象。其价值创造过程始终是沿着内容创造、传播、交易的主线不断发展的。在这个泛中心化的时代，只要你能够创造出有价值的内容，就可以借助互联网成为外界关注的焦点。从内容创造到传播，再到变现交易，整个价值创造过程都可以在线上快速完成。可以说，一个网红就是一个自带用户流量、拥有较强影响力的人格化品牌。

网红经济的巨大价值创造能力，正反映了当下内容创业的崛起。与明星、名人相比，网红具有以下3个方面的特点（如图5-2所示）。

- 网红内容必须是网生内容，而且这些内容要能塑造出人格化品牌。
- 网红的传播效果取决于内容本身，而不是外部权威影响力或品牌背书。
- 网红自带多元化、流量庞大的传播渠道。

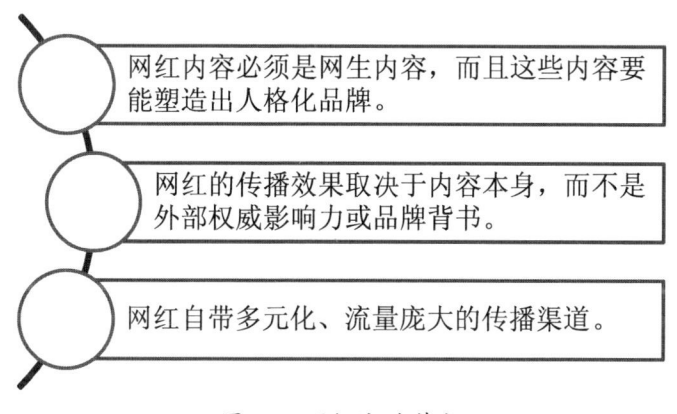

图5-2　网红的3个特点

① 网红内容必须是网生内容，而且这些内容要能塑造出人格化品牌。

网红创造的内容要想被消费者关注并传播，必须是在网络环境中定制、改造而来的，不能将线下的人或事物简单地线上化。只有这样，其内容才更具生命力，具体来说，网红创造的内容应该具有以下3个方面的特点：

内容要迎合线上传播、变现、再加工等方面的需求，从而让更多的网民参与到价值创造中来，产生更多的增量价值。

内容传播还要迎合传播载体、渠道的发展趋势，在不同的环境下选择更加符合自身需求的平台、传播介质及相应的内容格式。

内容要能塑造出清晰而明确的人格化品牌，无法让用户产生情感共鸣，不能让用户喜爱或憎恨的内容，无法得到网民的广泛传播。

② 网红的传播效果取决于内容本身，而不是外部权威影响力或品牌背书。

只要网红创造的内容可以满足上述需求即可，对于网红实体其实并没有严格的要求，名人、草根都可以成为网红，甚至网红可以不必是人，与国务院总理李克强交流的小度机器人、微软推出的"微软小冰"等都有可能成为网红。只要网红能形成人格化品牌，源源不断地创造出被网民认可并传播的网生内容，在现实中毫无影响力的普通人也可以成为深受网民喜爱的网红。

对于普通人来说，通过外貌、个性、才艺等吸引粉丝群体，是实现从无到有的过程。那些明星、名人被人们了解，最初可能是依靠其线下的影响力，但是他们在线上获得广大粉丝群体的持续关注，却是由于其不断地进行优质内容的创造及生产。

无论是活跃在电商平台上的网红，还是最近两年十分火热的人格魅力体，其内部并无层级上的差异，决定他们价值的是其传播力及影响力。传播力与渠道有着密切的关联，而影响力则决定了其向用户传播的内容能否被认可、讨论、转发。在这种情况下，既拥有强大品牌影响力，又拥有千万级别忠实粉丝群体的 papi 酱，能拍出 2200 万元的广告费也就不难理解了。

网红群体与其他网生内容的最大区别，就是人格化品牌或人格魅力体。粉丝群体认可网红创造的内容及其价值观，其人格化的品牌形象也更容易获得粉丝的信任。归结起来就是：人更倾向于与人交流沟通，能了解自己情感的网红，要比那些代码堆砌成的网生内容更有吸引力。而且在后续的衍生增值服务开发上，人格化的品牌形象有着广阔的发展空间，"罗辑思维"的会员制就是一个典型案例。

从某种程度上来说，内容形式的电商产品其核心卖点其实是品牌信仰，产品只是用来强化品牌信仰的有效工具，通过内容打造的虚拟人格形象及价值观，才是让网红得以创造巨大价值的关键所在。

③ 网红自带多元化、流量庞大的传播渠道。

对于明星、名人来说，其品牌及形象具有较强影响力，其传播渠道也被广大新闻媒体所控制。而网红则是借助微博、微信、视频网站等具有庞大用户流量的多种传播渠道。在内容传播方式与人们需求心理发生巨大变革的背景下，网红经济将迎来爆发式增长。

5.1.3　网红营销背后的内容生产传播与消费机制

网红群体得以快速发展壮大的原因，主要是互联网时代内容的载体、平台、传播方式等发生了颠覆性变革，打破了旧有的行业秩序，并创造了许多新的发展机遇。而在旧秩序中，目前依然拥有较强影响力的就是电视媒体。

在电视机全面普及后，我国进入一个 10 亿观众同屏的大众传媒时代。但通过电视进行营销推广的缺陷在于，企业无法对海量的观众进行精准划分，电视台给出的统计数据过于模糊，广告主只能进行"狂轰滥炸"，无法进行有针对性的高效而精准的定制化营销。

决定广告费用的核心指标就是收视率，这会导致广告内容的质量无法得到有效保证，以至于广告主认为，只要没有大规模的观众集体吐槽的就算是好广告。而电视媒体完成变现的主要方式是贴片硬广，只有那些收视率较高的频道推出的黄金栏目（比如湖南卫视的《快乐大本营》），才可以获得较高的收益。

此外，我国收视率较高的频道数量有限，能够对全国的消费者带来较强品牌影响力的频道更是屈指可数，观众们观看电视节目的黄金时段仅有 3～4 个小时。电视媒体的内容分发能力与内容形式的限制，大幅度降低了其在内容传播方面的影响力。

电视媒体为了提升收视率，只能创造一些受众面较广的大众内容。观众感觉电视节目越来越枯燥乏味，而电视节目制作方为了让更多的观众关注自己，用尽各种手段来留住观众，其结果却导致电视节目陷入越来越差的恶性循环。所以，一些强调个性、时尚的品牌在选择电视媒体进行营销推广时，不得不支付高额的费用，去争抢仅有的几个有较强影响力的电视栏目资源。

对于广告制作公司而言，电视节目的制约也影响了广告的传播效果。广告从业者不但要尽量传递出客户的品牌形象，还要和电视节目的大众化属性进行斗争，因为坐在电视机前的观众们可能心思根本就不在电视节目上，因此必须通过有趣味性、彰显个性的广告来吸引观众的注意。

互联网的推广普及，让这种情况发生了本质上的改变。多元化的内容形式及互联网视频的点播属性，让营销推广发挥的空间大幅度提升，而且海量的影视剧节目及存储空间，极大地促进了垂直广告内容的生产。此外，在互联网时代，那些垄断性质的媒体资源也正在失去优势地位。

网络营销在我国拥有海量的潜在受众，截至2015年年底，我国拥有6.88亿网民，而且网民群体表现出了层级化、垂直化的特征。借助大数据、云计算等新一代信息技术，可以对网民内容需求进行精准预测。在自由平等的互联网环境中，更加强调个性化及人性化的网红营销内容也更容易被广大消费者认可。

更为多元的网红营销内容及大量涌现的互联网内容平台，使内容的创造、传播及消费等诸多环节的参与者大量增加，打破了传统固定传播形式对内容传播的限制。在无处不在的互联网的帮助下，多元化、个性化及定制化的信息在人们之间快速、高效地流通。在这种环境下，优质的内容可以迅速传递到世界上的每一个角落，从而在世界范围内吸引更多的粉丝群体。

在互联网时代，这种全新的内容生态，为网红营销推广提供了极大的便利。网红以某一特定的消费群体为目标市场，不断创造优质的人格化内容，吸引更多的消费者。网红可以借助微博、微信、视频网站等内容平台进行定制化营销，通过与粉丝的互动，增强粉丝的参与度及忠实度，从而让粉丝主动对自己创造的内容进行评论及分享，最终取得良好的网红营销效果。

相对于明星而言，网红群体自带流量而且垂直延伸的品牌形象，颠覆了旧有模式的渠道方，在流量分发领域具有极高的话语权。此外，以前明星需要借助渠道方来增加自己的曝光度，从而取得品牌价值；而网红建立的人格化品牌自带传播渠道，凭借自身创造的优质内容即可对接广大粉丝群体，不需要第三方机构。

以自媒体、视频网站、社交媒体平台为代表的诸多内容平台，给传统媒体平台带来了巨大的冲击，它们恪守着自由、平等、分享的时代准则，以大量的扶持政策或直接购买的形式吸引优质内容创作者的加入。以前，没有渠道，内容就无法得到传播；如今，内容的介质、形式及传播平台多元化发展，没有内容支持的渠道，终究逃不过被淘汰的命运。

5.1.4 引爆营销新思维：网红营销的三大发展趋势

近年来，网红经济的发展如火如荼，透过这种现象可以看出，随着互联网的不断发展，内容在流量争夺战中占据着越来越重要的地位。如今，传统电视媒体及其内容输出的地位受到网红的巨大冲击，随着网红的进一步发展，他们很有可能替代传统明星。但这里需要明确的一点是，无论娱乐产业还是网红群体的发展，最基本的都是内容生产。

与传统信息内容相比，从互联网平台发展而来的信息内容，无论是在生产方式、推广渠道上，还是在最终的接收与消费及价值实现方式上，都已经发生了巨大改变。其改革不仅体现在传播媒介上，更体现在信息本身的传达方式上，随着移动互联网的发展，改革会更加深入，影响的范围也将更加广阔。

对于众多内容生产者来说，如今正是凭借内容优势获得发展的绝佳时机。生产者无须在意除内容之外的其他方面，在持续推出优质内容并保持其风格一致的基础上，经过成熟运营，就能取得最终的成功。

当然，成为网红并不是一件容易的事，也没有必要所有人都去研究网红的发展之路，不过，对当今的内容发展形势有所认识还是十分必要的。那么，当今的内容生态领域会往什么方向发展呢？

（1）内容是核心

内容是一切的基础，而内容是由生产者创造出来的。团队的发展在很大程度上决定了其整体价值的高低，但很多人忽略了一点，那就是团队化运作仍然无法确保内容的品质。团队运作确实能够推动网红发展，但起决定性作用的，还是中心人物。

综上所述，成为网红并不是一件容易的事，如果核心人物本身不具备发展潜力，要将其培养成万众瞩目的焦点，几乎是不可能的。对于内容生产来说，不存在规模效应，生产者本身的能力不足，再多的人加起来也不会出现质量方面的改观。想要提高自身的竞争优势，最关键的就是找到具备杰出生产能力与发展潜力的人，为其提供其他方面的支持，激发其创造力。

对于内容来说，最重要的就是其整体风格与特征。而产品的风格取决于其核心生产者，他的价值理念、对整体局势的把握，能够在很大程度上决定产品的定位及发展方向。其他因素，比如团队运营、具体操作步骤以及其他资源，只是进一步突出产品的特征而已。

（2）格式是抓手

众多业内人士对网红的发展进行了研究，其中，很多人将焦点放在短视频平台如何促使papi酱走红上。不可否认的是，格式的变革确实能够影响内容的生产、营销及人们的消费行为。比如，传统博客变成更加精简的微博、《屌丝男士》使大鹏迅速走红、《万万没想到》捧红白客等，格式的创新能够挖掘出流量中隐藏的商业价值。但仍然要注重内容的生产，以特征鲜明的内容结合新格式的应用，才有可能实现大范围推广。

如果网红只注重格式的新颖而忽视其他方面，也无法获得迅速发展，正确的做法是，明确自己的整体风格，深入研究目标群体的共性特征，采用切合自身与用户需求的内容格式、推广渠道及营销方案，在自身内容风格与新颖格式之间找到契合点，根据自己的实际情况做出决定。

（3）顺势而为

在移动互联网时代，内容传播的方式多种多样，不再受传统媒介的限制，同时，不同细分领域的用户对信息内容有着不同的需求，而互联网的发展使内容的全面覆盖成为可能。这些因素使得越来越多的内容产品，由原本的横向发展转而侧重于在垂直细分领域的发展。而在当今社会，90后的年轻用户逐渐成为社会主体，他们对于亚文化的推崇使这种内容发展趋势越来越明显。

在这一大方向的影响下，之前侧重于横向发展而产生的现象级人物会不断减少，比如国外的迈克尔·杰克逊、猫王，中国的邓丽君、李小龙等。可以说，在当今时代，网红的垂直发展已经成为主流，横向发展要取得成功简直是难上加难。"罗辑思维"被认为是粉丝经济实践的杰出代表，但随着粉丝规模趋于稳定，其热度也已逐渐呈下降趋势。

5.2 网红品牌化：网红如何宣传和推广自己的品牌

5.2.1 品牌化变革：从卖货到卖品牌的蜕变

在电商平台上开设店铺的网红，可以凭借庞大的忠实粉丝数量，创造上亿元的年销售额。网红通过微信、微博等社交媒体平台进行营销推广，将庞大的流量转移至淘宝平台并快速完成价值变现。从最初的代理商到如今的品牌商，网红店铺正在经历一次从卖货到卖品牌的转变。虽然国内的网红经济尚处起步阶段，但其展现出来的强大影响力已经对以服装为代表的传统行业产生了巨大影响。

在去中心化的移动互联网时代，80后90后年轻一代已经成为消费主体，迎合社会主流发展趋势的网红经济具有巨大的优势。以服装行业为例，普通的线上商家要进行选款、进货、营销、获取用户流量等流程，而网红商家的流程则是出样衣拍照、粉丝互动、定制化生产、推广营销等。无论是产品更新迭代的速度，还是营销的精准性，网红模式都占据绝对优势。

网红并不是一个新兴概念，在博客崛起的年代，就有某些领域的专家在博客中分享自己的行业经验、知识技能等信息，并获得大量粉丝的关注。网红经济得以爆发，源于近两年电商平台开展的"双11"、"双12"等促销活动。

网红通过社交媒体平台，可以在短时间内实现价值变现，而在互联网掀起的巨大风暴下，通过规模化生产获利的传统企业正遭受着巨大冲击。那些强调个性化及差异化的产品，更容易获得年轻一代消费群体的青睐，小而美的极致产品渐成主流。

（1）从卖货到卖品牌

以成为品牌代理商为目标的网红电商，虽然也能够完成价值变现，但其存在较为明显的短板。比如供应渠道不稳定、缺乏专业化的团队管理等。网红经济要真正崛起，必须要打造一个完整的产业链。

目前，许多网红开始建立专业的团队，自己设计、生产产品，打造专属品牌。以淘宝、天猫、京东为代表的电商平台已经发展成为网红传递生活理念、创建全新品牌的有效载体。

网红品牌的运营方式为：通常情况下，网红团队自己设计的产品由其自建的工厂负责生产，而常规产品则直接交给合作商家，甚至有的网红品牌已经开始尝试开设线下连锁门店，并由这些线下门店为消费者提供售后服务。

从卖货到卖品牌的转变，是网红经济的一次重大转变。互联网时代，人们的消费习惯及需求心理发生了巨大的变革。相对于传统企业而言，诞生于互联网中的网红对这种变化有着更敏感、更深刻的认识，品牌化是网红群体在不断试错后，找到的一条实现跨越式发展的有效途径。未来的网红店铺主要通过两种模式实现品牌化：一是走轻资产道路；二是向传统制造业靠拢。

（2）产业变革即将到来

我国经济正处于结构性调整阶段，传统行业正面临着严重的发展困境，再加上互联网企业的跨界融合，企业面临的市场竞争越发激烈。网红经济的崛起为众多传统企业提供了借鉴经验。

传统企业在运营过程中要承担沉重的生产、运营、营销及人事等方面的成本，盈利能力较差。在互联网企业的强力冲击下，许多传统企业也在寻求变革之路，但限于臃肿的组织结构及僵化的思维方式，它们大多仍选择以打折促销的方式来应对互联网企业掀起的一轮轮价格战，而忽略了整个时代正在发生的巨大产业变革。

对于传统大型品牌商而言，网红群体的体量目前还不足以威胁其生存。网红在产品品类、管理经验及规模生产方面处于劣势，要实现品牌化发展，需要具备较强的经济实力与运营能力。就目前的发展情况来看，网红群体的品牌化之路还有很长一段路要走。

产业变革即将来临，无论是传统企业，还是以网红为代表的新兴组织，都需要在掌握消费者兴趣爱好的基础上，从个性设计、渠道拓展、品牌价值等多个维度来加快自己的发展进程，通过为消费者创造价值来赢得消费者的认可及尊重，从而让企业在激烈的竞争中获取巨大的收益。

5.2.2　网红+品牌商：网红效应下的掘金机会

传统商业模式在互联网的冲击下正在发生颠覆性变革，迎合时代发展趋势的网红经济逐渐崛起。2015年，许多网红开设的淘宝店铺年度产品销量都突破了百万大关，一些网红的出场费甚至高达数十万元。如今，网红群体已经不再是饱受人们质疑的"粉红女郎"，而是演变成一种新型的电商营销模式。

（1）变现能力超传统广告

网红最早出现在博客时代，他们是博客经济的主要受益者之一，其商业模式和欧美地区的时尚博主十分类似。以"呛口小辣椒"为代表的网红群体，在社交媒体平台上吸引粉丝，通过与品牌商进行合作或打造自主品牌等方式实现商业变现。随着时代的发展，又出现了一种新型的商业模式：网红通过个性、外貌、才艺展示等在社交媒体平台上吸引大量的粉丝群体，并通过在电商平台开设店铺完成价值变现。

网红群体的利润来源主要是品牌合作、广告代理、开设电商店铺等。2015年10月，欧莱雅与在Instagram平台上拥有220万忠实粉丝的时尚博主Kristina Bazan签订合作协议，高达七位数的签约价格让人们体会到了网红群体的强大变现能力。

国内的网红经济虽然发展时间较短，在规模上还远不及发达国家，但发展势头却十分迅猛。国内的网红群体主要活跃在微博、微信等各大社交媒体平台。以服装信息分享领域的微信公众号"黎贝卡的异想世界"为例，该公众号拥有将近45万粉丝，其发布的推广信息可以在半小时内有超过10万次以上的阅读量，其估值达到上千万美元。

进入2016年，"网红"的火热程度丝毫不减，网红群体不再只是通过各种搞怪行为博取外界关注的网络人物。他们凭借着精准高效的信息推广，对传统媒体形成了巨大的冲击，其优质的营销效果及变现能力更是受到了众多企业的青睐。

（2）幕后推手360度营销

网红经济受到广泛关注的一大原因就是其较强的粉丝转化率。通常情况下，转化率能达到5%的网红，即可拥有较强的变现能力，而国内顶级网红的粉丝转化率能达到近20%。网红市场的蓬勃发展，受到许多创业者的广泛关注，一些专门为网红群体提供服务的创业公司应运而生。

一些网红孵化公司甚至在短时间内凭借网红的超高人气，打造出多个淘宝皇冠店铺，引起一些投资机构的关注。

（3）粉丝经济改变消费模式

虽然有美丽容貌的网红更容易获得成功，但是除了容貌以外，网红也需要有一定的才艺、技能、专业知识等。时尚装饰类的网红，必须拥有较为专业的时尚装饰知识及对潮流趋势的把控能力；游戏视频主播必须要具备较高的游戏水平、良好的沟通能力、才艺展示能力等。

网红经济的发展也体现了当前社会环境及大众心理所发生的巨大变化。在移动互联网时代，人们追求自由、共享、开放、合作，每一个人都可以成为外界关注的焦点。网红向人们传递出的不仅仅是产品信息，更是某种独特的人格魅力及生活方式。粉丝群体不只是在为网红推送的产品埋单，更在为网红的价值理念及生活方式埋单。

（4）未来何去何从

诞生于互联网时代的网红经济，正在深刻改变着传统营销模式。与报纸、杂志、电视等传统传播方式的单向传播所不同的是，网红传播信息更为精准、更加高效，双方还能够进行实时互动，网红只需在自己的朋友圈发布推广信息，短时间内阅读量即可过万。

我国的网红经济尚属初级发展阶段，从整体来看，网红群体的规模较小，而且网红在运营经验、产品设计、业务拓展等方面与传统企业相比还具有较大的差距。但随着网红经济的不断发展，会有越来越多的参与者加入进来，整个网红市场将爆发出巨大的能量。

从本质上来看，网红经济所反映出的消费模式的巨大变革，其实是互联网时代产业模式转型升级所导致的必然结果。和明星群体不同的是，网红更为个性化，更加平民化，与粉丝群体的互动性更强。

在80后及90后这一新生代消费群体不断崛起的背景下，网红经济将迎来快速发展期。但与此同时，我们也应该注意到，具有浓厚"草根"色彩的网红群体，缺乏相应的行业规范及有关部门的监管，在内容质量及道德层面上容易引发外界的争议。

5.2.3 网红3.0时代，如何打造与推广自身品牌

一场由网红经济掀起的巨大产业革命正在席卷而来。网红经历了以网络文学为代表的 1.0 时代、以网络红人为代表的 2.0 时代，如今，网红正朝着"社交媒体平台吸引用户流量、专业孵化公司推广、电商平台价值变现"的 3.0 时代发展。

经过几年的发展后，网红群体不再单打独斗，一些网红背后有专业的团队，有的甚至有专业的公司。为了提升自己的变现能力，网红群体正在朝着品牌化的方向发展。

（1）如何打造品牌

与打造传统品牌需要有产品作为载体一样，打造网红品牌首先要有一个网红作为支撑。通过某些特定的网络事件而获得大量关注的网络人物，并不一定能成为网红，网红要有持续吸引粉丝关注的能力。比如具备相关领域的专业知识、较强的人格魅力等。

网红通过在社交媒体平台发布对某一事件的独特见解、展示自己的特殊才艺等方式，来吸引粉丝的关注，在通过与粉丝进行交流互动积累了足够的人气后，网红品牌便可以尝试价值变现。微博、微信、贴吧、论坛、QQ 群等网络渠道，都是网红进行营销推广的战场。通过推送广告的方式获取收益，是大部分网红完成价值变现的重要方式之一。

2015 年，阿里巴巴 CEO 张勇在"互联网技术与标准论坛"上，对未来网红电商的发展前景给予了高度评价，他认为网红是新经济力量的体现，

拥有强大影响力的网红品牌将释放出巨大的价值。

据统计，淘宝平台上的女装类网红店铺在1000家以上，部分店铺的粉丝量可以达到百万级别。这些店铺通过社交媒体平台向粉丝群体分享时尚潮流信息，吸引粉丝参与互动，并在淘宝平台上为粉丝定制产品，将订单交给合作商家或者自己建立的工厂，从而形成独特的网红电商模式。

2015年9月，淘宝网为网红群体打造了时尚互动平台iFashion。淘宝店铺作为网红变现的重要途径之一，为网红群体创造了巨大的收益。淘宝官方公布的数据显示，在其女装品类的网红店铺中，平均每月营业额超过百万元的店铺有上千个，一些店铺在进入一批新货后，仅需3天的时间就可以完成普通线下店面一年才能完成的营业额。

（2）还要会推广

与目前广受互联网企业热捧的O2O模式一样，网红品牌不仅要有专业的团队，还要能推出一些吸引外界关注的话题。早在以网络文学为代表的网红1.0时代，网红群体的背后就有专业的团队或公司负责推广。

在网红3.0时代，凭借一些搞怪视频、大尺度的自拍照等已经无法吸引网民的关注，网红需要展现出个性化的生活理念、专业的行业见解，而且还要传播正能量。

仅次于王思聪的第二大网红"papi酱"，在获得真格基金、"罗辑思维"1200万元的投资后，迅速登上了各大新闻媒体头条。不过在拍卖会即将举行的4月18日，广电总局勒令各大视频平台下线papi酱视频，待整改完成才可重新上线，这对于papi酱及其投资方无疑是一次重大的打击。

一些网红品牌在打造完整的产业链方面也取得了不错的效果。双胞胎姐妹网红"呛口小辣椒"，在新浪微博上以发布服装搭配的方式吸引用户群体，不但与多家品牌商建立了合作关系，还自建服装品牌 ZOW ZOW，实现产品设计、生产、营销、交易、售后服务等多个环节的全流程管理。

此外，网红孵化服务模式也是网红品牌打造完整产业链的有效方式。由于国内的网红团队在供应链管理、运营经验及商业化方面存在明显不足，专门为网红群体提供综合服务的网红孵化公司便大量涌现。以莉家、榴莲家为代表的网红孵化公司，凭借其在供应链管理、丰富的运营经验等方面的优势，开始实现网红品牌的批量生产，并通过网红的庞大粉丝群体在电商平台上完成了价值变现。

第六章

网红+企业：企业如何打造自己的"网红经济"

6.1 社群经济时代，企业如何构建"网红经济"模式

6.1.1 社群经济时代：一个新商业的构建

随着人类社会的不断发展，商业形态发生了巨大的变化，人类先后经历了狩猎采集、刀耕火种、男耕女织、机器生产、电子信息等时代。移动互联网的快速发展，全新的交流与沟通方式，让人们跨越了时间与空间的限制，实现了实时交互，信息传递及价值传播的效率大幅度增长。在这种背景下，社群经济引领的全新社会形态正在逐渐形成，商业发生了颠覆性的变革。

传统商业更强调交易过程，每一次营销都以实现销售为直接目标。在物质资源相对匮乏的年代，资源的占有是企业竞争的主要手段，企业通过规模化生产降低边际成本来创造价值。如今，人们的生产力不断提升，整个社会已经进入产能过剩时代，仍然采用规模化生产的商家发现自己陷入了严重的库存危机。企业发现商业从简单的物品与金钱的交换转变成了人与物及人与人之间关系的经营，研究消费者的消费行为与需求变化成为企业克敌制胜的关键。

在传统商业模式中,企业将产品转移到消费者手中,商业流程就算全部完成了,物品所有权的转移是传统商业模式的主要特征。一些想要与消费者进一步交流沟通,以获取消费者信息反馈的企业,由于缺少与消费者沟通的手段,只能被迫选择与第三方数据研究机构合作,来挖掘用户的潜在需求,从而提升企业的应变能力与盈利能力。

互联网的不断发展,使这种情况发生了根本性的变化,全新的商业形态应运而生。以产品为中心的传统商业形态将被淘汰,那些仅简单地将商品出售给消费者的企业,生存空间被大幅度压缩。

过去,将商品传递给用户的环节,是整个价值变现过程中最为关键,也是耗时最长的环节。如今,在社群粉丝经济中,将商品传递给用户的过程,仅是一个简单的开始,企业还要让用户对产品进行传播,从而吸引更多的用户群体,组建成为粉丝社群。企业通过社群经营挖掘消费者的潜在需求来创造更高的价值,是未来商业发展的主流趋势。

在传统商业社会,商业停留在企业将客户发展为用户的阶段,用户的许多潜在需求没有得到充分开发,企业损失了大量的通过增值服务来创造价值的机遇。对于互联网时代的企业而言,需要将整个商业流程进一步细化,理清商业流程的各个环节,以形成较强的外部竞争力。

通常,产品的第一批忠实用户被称为种子用户,小米手机的崛起正是得益于其最初的100个"梦想赞助商"。种子用户对企业的产品具有高度的认同感,并且乐于将产品在自己的人际网络中进行推广。以前,人们传递信息的方式依赖于媒体组织,而在进入自媒体时代的今天,信息传播的渠道更为多元化,每个人都可能成为信息的创造者。借助社交媒体平台的力量,作为买方的消费者,在交易过程中的话语权得到大幅度提升。

由于社交媒体平台传递信息的能力异常强大,使得信息传播效果被无限放大。如果企业辅以情感营销、内容营销等营销方式,就可以获得庞大的忠实用户群体,用户群体的大规模聚集就创造了社群。

社群经济时代,企业需要转变思维。企业想要成功地管理社群并创造更多的价值,需要从群内组织成员的角度来考虑问题,收集社群成员的意见及建议,争取为企业创造更多价值。

社群的形成,需要有一群兴趣爱好或者价值观一致的人聚集起来,这样的群体有着强大的传播能力。在企业推出新产品或者服务时,社群可以在极短的时间里帮助企业营销推广。产品是企业与消费者建立连接关系的有效工具,盈利能力更强的增值服务才是企业真正关注的重点。

企业之间的竞争越发激烈,产品同质化、恶意价格战等问题,已经成为许多行业的痛点。发展以情感连接为纽带的社群经济,是企业从激烈的竞争中脱颖而出的关键所在。未来,社群经济将成为一种主流的商业发展趋势,企业需要在粉丝群体的获取方面投入足够的资源,为即将爆发的社群经济做好准备。

6.1.2 移动社交时代的"企业+电商网红"模式

经过一段时间的发展,网红经济已延伸至多个领域。网红可以分为不同的种类,其中,对企业发展影响最大的是电商网红。电商网红是指以产品为吸引点、外貌出众、拥有众多粉丝的网络红人,这类网红以产品销售为最终目标,他们有以下3个特征:

拥有强大的调动能力,他们推荐的产品,通常能够得到大批粉丝的认可,在短时间内获得大规模成交。比如,知名网红张大奕推荐的服装经常成为爆款产品;

超过八成网红的背后有专业的经纪公司与运营团队。以如涵电商为例，在国内所有的电商经纪公司中，该企业在规模上占据绝对优势地位，超过50家网红店铺与如涵电商达成了合作关系，统计结果显示，国内大约有一半电商网红由该公司掌控；

"淘宝达人"专指淘宝平台的网络红人。手机淘宝掌控着国内移动电商平台4/5的市场，淘宝头条、好货等APP为淘宝达人提供了大量的用户，不过，这些红人的影响力主要体现在商品方面。

电商网红与普通网红是不同的，主要体现在两个方面：一方面，4/5的普通网红是在机缘巧合下通过网络平台走红的，而电商网红是通过团队化运作发展起来的，相比之下，电商网红的经济效益更强，更能促进粉丝变现；另一方面，电商网红主要以商品吸引粉丝的注意力，能够更加充分地挖掘用户的商业价值，并促使其进行重复消费，普通网红可能拥有更多的追随者，但很难实现商业转化。例如，虽然pipa酱的粉丝突破了千万，但相比之下，拥有几百万粉丝的张大奕更能激发粉丝的消费欲望。

到2016年年初，在新浪微博达到10万粉丝的电商网红在5000人以上，这些网红经营的商品以服饰、美妆产品、农业产品及养生保健品为主。企业在与电商网红合作发展的过程中，应该注意于以下几个方面的问题：

网红在日常运营中是否有完善的产品供应体系；

对于网红及其背后的经纪公司来说，通过社交平台获得粉丝用户是必不可少的；

随着视频发布渠道的不断增多，网红与传统明星之间的差别逐渐缩小，在这种趋势下，生活服务类电商网红有很大的发展空间。进入2016年，代表国内电商潮流先锋的阿里巴巴于3月1日举办电商大会，而淘宝也将更多的注意力转移到移动社交、网红经营及内容生产等方面。所以，传统企业应该在认清发展大局的基础上改革自身，运用网红电商模式开辟发展道路。

6.1.3 借助"网红思维"，开启微网红创业模式

从理论上来说，只有规模足够大的传统企业才能运用电商网红模式进行转型，那么，那些规模较小的企业和初创企业，应该如何联手网红经济呢？

通常来说，小规模传统企业无须涉足网红经营，但要了解并掌握网红思维，通过粉丝用户的积累，在节约成本消耗的同时达到品牌营销的目的，提高用户的依赖性，增加回头客。另外，创业人员也应该具备网红思维，将更多的注意力从产品本身转移到消费者身上，先获得消费者认可，再进行产品营销。也就是说，对小规模传统企业与创业人员而言，最佳方式是顺应网红经济的发展大潮，采用网红思维，发展微网红。

所谓微网红，是指那些把握特定产品的应用及时下流行趋势，利用微信、微博或美拍获得某细分领域内一定规模（一般不超过100万）粉丝关注的红人，由红人自己负责商品策划、内容设计、推广、营销、售后服务等整个流程。

微网红同网红一样拥有自己的粉丝，但粉丝数目要少一些，只是在某个小圈子里有一定的知名度，能获得用户的支持与认可。简单来说，微网红模式就是由某个具备某方面特长的人为用户推荐产品，其影响力要低于网红模式，推广范围也较小，但比经营普通产品的电商模式影响力要大一些，处于发展初期的企业采用微网红模式比较恰当。

一些利用朋友圈开展微商经营的人也属于微网红的范畴，当然，那些

靠层层招代理、不断发布商品信息刷屏的人除外。部分微商在保证产品质量的基础上通过微信平台发送某些商品的推广信息，他们不一味追求出售规模，好友会在信任经营者的基础上进行产品消费。

不少微网红经营者，用微博、微信等社交平台积累自己的用户基础，最终在淘宝平台上完成与粉丝用户之间的交易，这些经营者不会将用户流量转售给其他人，这种微网红模式也能获得持续性发展。

对于传统企业而言，结合微网红模式的方法有三种：第一种是在企业内部人员中寻找有潜力的人，通过提供资源支持将其打造成微网红；第二种是联手微网红，实现自身产品的推广；第三种是通过微网红实现企业品牌及自身商品的营销。

创业人员采用微网红模式的具体发展历程是，首先要了解你经营的产品，然后通过微信、微博及视频平台进行产品推广，获得粉丝用户的关注，进而从众多普通经营者中脱颖而出，逐渐提高商品销售规模。

6.2 网红+品牌：传统品牌如何搭上"网红经济"快车

6.2.1 品牌新打法：企业品牌如何与网红对接

随着时代的发展，"网红"的概念发生了变化。不过，今天的网红与传统网红仍有相似之处，即拥有鲜明的个人特色，能够进行自身的推广。

近年来，自媒体的发展十分迅猛，无论是以微博、微信为代表的社交平台，还是以美拍为代表的视频网站，都涌现出一大批网络红人。与传统网红不同，新时代的网红不仅追求个人形象的推广，还注重商业价值的实现。比如，张大奕、同道大叔，在利用社交平台积累了大规模粉丝之后，都融入了商业模式，通过调动粉丝的消费需求实现了盈利。也就是说，网红通过发挥个人影响力使粉丝用户变成了自己产品的潜在消费者。

网红已经逐渐成为新时代的流量入口，形成了规模化的网红经济。网红经济更注重商业价值的开发，从某种程度上来说，网红经济是社群经济发展到一定阶段的产物。

进入移动互联网时代后，社群经济的发展速度也逐渐加快。粉丝经济爆发出的商业价值，使企业经营者逐渐意识到网红的重要作用，一些企业开始尝试自身商业模式的革新。

如今，社群经济的平台化特征日渐明显。很多有创造力的人凭借高质量的内容输出获得粉丝的推崇，从而成为网络红人。不少网络红人涉足电商领域，将商品信息发布到用户集中的线上平台。网红比普通电商经营者具有更强的感染力，他们能够根据粉丝的需求与兴趣进行商品推广，更能获得粉丝的认可与信赖。

网络红人通过个人品牌的打造，突出产品的个性化特点，并以大规模粉丝用户为消费群体，利用粉丝经济模式大幅提高商品的销量。小米的商业模式就是围绕粉丝营销展开的。小米以手机产品的推出为基础，调动"发烧友"的购买欲望，同时促使他们自发进行产品的宣传，小米的营销方式诠释了社群营销的基本流程。品牌从社群发展而来，又反过来推动了社群的壮大。

在网红经济模式的应用上，互联网家电品牌SKG是其实践的杰出代表。该企业在深入分析网红经济的基础上，提高了品牌的影响力，对用户形成进一步的吸引。SKG通过持续推出符合产品特性的网络红人，将网红的形象与企业品牌联系在一起，使消费者对企业有了更直观的了解与更加深刻的印象，增强了品牌的文化价值，扩大了品牌的影响力。

企业如何才能顺应社群平台的发展潮流，提高自身的品牌影响力呢？正确的做法是，通过品牌打造积累粉丝，实现粉丝经济变现。总体来说，企业要借鉴网红的发展道路，通过社交平台进行品牌推广，树立良好的形象，聚集自己的粉丝用户，提高整体盈利能力。

6.2.2 品牌突围战:"社群平台+品牌红人"模式

社群平台的迅速发展,使商业模式与营销方式更加多样化。为了获得进一步的发展,众多企业纷纷建立起自己的社群平台,接下来要做的就是平台的经营与日常维护。只有维持平台的正常运转,才有可能实现红人的推出与最终的变现,而无论是什么类型的平台,都要以内容营销为基础。

网红虽然能够在短时间内吸引网络用户的关注,但他们的锋芒也很容易被掩盖。借助于网络平台,一批批的网络红人相继涌现出来,即便网红本身拥有鲜明的个性化特征,随着市场竞争的日趋激烈,宣传力度更大的红人终究会不断出现,因此,企业与第三方平台合作依然存在太多不可控的因素。在这种情况下,一些企业开始建立并独立运营平台,从网络红人打造到品牌营销完全由自己来完成,但这个经营过程需要大量的资金投入,而且最终的变现结果无法精准预测。

为了减少成本消耗,很多企业与第三方社群平台达成合作关系,借用它们的平台优势进行商品信息的推广。这样做的优势在于,能够在短时间内实现流量变现。小云 APP 是该领域中比较知名的服务平台,它能够根据企业需求为其建立有效的社群应用,便于企业进行有针对性的产品推广。

企业选定平台之后,接下来要做的就是打造符合品牌特点的红人,并保证其输出的信息符合企业的文化理念与价值诉求。红人通过与用户进行频繁的交流互动使用户产生情感共鸣,最终挖掘出粉丝用户的商业价值。利用互联网平台,企业能够获得海量的用户信息,通过信息分析和处理就能找到用户的内在需求。小云 APP 能够帮助企业实现潜在消费者的积累,促进品牌红人与用户之间的交流互动,提升品牌的内涵,通过一系列运作扩大品牌的覆盖范围。

随着社群平台的运营趋于成熟，越来越多的人加入这个领域，企业品牌也拥有了更多的支持者。如今，电商平台与社交媒体的融合度不断加深，社交电商逐渐登上商业历史舞台，企业要通过品牌经营获得更多的利润，就要推出与企业品牌相契合的红人，通过网红对粉丝价值的开发实现最终的变现。

进入移动互联网时代后，很多传统经营模式发生了变革。"罗辑思维"的发展展现了创新模式的应用，小云 APP 则是社群平台的经营者代表，社群经济在市场竞争中的地位逐渐提高。小米、淘宝、聚美优品等的发展都离不开粉丝用户。

网红经济实现了粉丝的商业价值开发，促使更多的商家开始以社群经济为基础寻求流量变现。分析小云 APP 的发展战略可知，该公司利用平台优势进行垂直细分领域的开发，不断拓展品牌的传播范围，使品牌信息能够更加快速地到达粉丝用户群体。在与粉丝的交流过程中，关注用户的反馈，并据此完善品牌营销方案，增加其附加值。

社群经济具有广阔的发展前景，近年来，越来越多的企业认识到这一点，并聚焦于网红经济与粉丝经济的结合。从总体上来说，如今的社群营销逐渐发展成品牌营销的主导模式，与网红合作成为企业提高品牌影响力的一种有效方式。

随着社群经济的不断发展，移动社群平台的运作会更加成熟，通过品牌红人的打造积累粉丝用户并最终提高盈利能力的模式，将被越来越多的企业实践。为了达到理想的营销效果，将会有越来越多的企业开发并经营社群平台。

6.2.3 网红+服装品牌：传统服装企业的销售革命

在互联网迅速普及的大背景下，传统服装产业链也融入互联网基因，形成了线下线上渠道有机结合的营销模式。其中，随着网红经济的迅速崛起，网红店铺逐渐成为服装业线上销售的最新、最有效形式，既在供给端优化了供应链体系的运作效能，又在零售端解决了服装业精准化、个性化营销的难题。

（1）网红买手制的购物模式：提升供应链效率

在服装的设计、生产和销售三大环节中，设计和生产属于整体产业链中的供应端。当前，我国服装产业链的大部分环节都是由品牌商负责的，即品牌商通过多种渠道感知和把握时尚潮流，围绕市场需求进行产品设计，然后自己生产或者通过外包的形式组织生产。

然而，品牌商的真正优势是品牌塑造，在服装设计、生产和终端营销管控等环节往往缺乏专业性和优势，因此在组织生产的过程中，很容易陷入销售效率下降、库存成本上升、资金周转缓慢的窘境。

与此不同，网红作为服装领域的意见领袖，能够敏锐感知服装业时尚潮流的变化，并能根据自我品位和形象的打造引导粉丝的选款与消费行为，实现服装的精准化、个性化营销，从而极大地提升服装产业的供应链效率，缓解品牌商的库存和资金周转压力。

（2）网红销售模式：为品牌商打开客流新渠道

服装产业链零售端包括线下实体店、线上淘宝店以及最新的网红店铺3种模式。

① 线下实体店

在线下实体店直营模式中，品牌商要负责店铺的选择、租赁、运营，店员的雇用以及服装品牌的推广宣传等，并由此带来了店铺租金、雇员工资、广告费用和其他一些运营支出。

在品牌创立初期，品牌商能够通过不断增加线下店铺获取规模效益，广告营销也由于从无到有的投入而对销售业绩有明显的加成效果。不过，随着公司规模的不断扩张必然会导致新增店铺的边际效益下降、成本上升。而且随着服装业快时尚、个性化消费特质的不断凸显，以往的品牌广告营销效益也会持续下降。同时，国内人力成本、房屋租赁成本的不断抬升，也会进一步加重品牌商线下实体店的运营负担。

② 线上 B2C 电商

在线下实体店运营成本上升、收益获取能力不断下降的情况下，服装品牌商亟须融入互联网基因，以开拓更为高效廉价的品牌推广渠道、获得更多的品牌客户，这就推动了以淘宝、天猫为标志的 B2C 电商模式的崛起。

在 B2C 发展初期，阿里巴巴的核心目标是吸引海量的用户流量，培养人们的线上消费习惯。因此，天猫、淘宝平台对品牌商收取的引流费非常少，以吸引更多的商家转移到线上平台。随着互联网的普及，互联网用户的数量呈爆炸式增长，这也推动了各服装品牌商不断入驻淘宝、天猫等电商平台，以缓解线下直营店铺不断攀升的成本压力，实现更有效的品牌推广。

在经过十几年快速发展拥有了坚实的用户基础后，淘宝、天猫开始进行流量变现，其对平台上品牌商收取的引流费用不断增加。根据阿里巴巴发布的年度报表，从 2012 年到 2015 年，阿里巴巴集团广告服务收入在平台成交总额中的占比由 1.2% 快速上升到 2.4%。

天猫、淘宝等电商平台交易抽成和广告引流费用的不断增加，抬升了各品牌商的线上广告成本。例如，知名服装电商品牌韩都衣舍，其广告支出在总收入中的占比已经超过 10%，其旗下很多子品牌的这一数据甚至达到了 20%～30%。

在传统 B2C 电商平台客户获取成本不断攀升、广告变现能力越来越差的情况下，各品牌商基于"互联网+"新常态下消费者的心理和行为特质，开始探索新的更有效和更低廉的线上导流与变现模式，以取代成本不断上升的中心平台模式。

③ 网红店铺

网红经济的迅速崛起，让困于中心平台模式的品牌商找到了吸引流量和营销变现的新路径。网红是一种更加平民化、大众化、低廉化的粉丝经济形态。作为意见领袖的网红基于自身在特定领域的专业性和影响力，可以有效引导粉丝的消费选择，借助海量的社交流量为品牌导入更多客户，提高品牌营销的精准性；同时，消费者对网红推荐的产品也有着很高的认同度和接受度，从而大大提高了产品营销的变现率。

而且，随着社交平台的快速兴起与普及，网红逐渐吸引到越来越多的粉丝群体，实现了更多的流量导入和社交资产变现。这进一步推动了各品牌商布局网红经济产业链，以网红的个性化展示取代以往依托中心平台的广告宣传方式，实现零售端的精准营销和高效变现。

国内龙头网红经纪公司如涵的数据显示，公司对旗下50个网红店铺的年度运营维护费用总计为5000万元，这50名网红创造的年销售额接近5亿元，网红店铺的运营维护费占比为10%。虽然在成本方面，网红与线下门店和线上B2C电商模式相当，但在提高供应链效率以及流量变现方面，网红模式却是后两者难以企及的。

（3）B2C2C模式：网红推动社交电商的崛起

在线下实体店及以淘宝为代表的B2C电商中心平台模式，遭遇流量获取和变现瓶颈的情况下，网红销售模式成为品牌商实现高效引流和变现的新渠道。网红在社交平台上积累的大量粉丝用户，为品牌商带来了海量的流量资源，而网红买手制的购物模式，又极大提升了品牌营销的精准性、有效性，从而为品牌商提供了一种基于社交平台的全新营销模式。

从这个角度来看，网红销售不仅是一种销售模式的改变，还实现了品牌商交易场景的转移：从中心化的电商平台转向移动社交场景，从而推动了"互联网+"时代移动社交电商 B2C2C 模式的发展创新。

品牌商向网红交易模式的转移，使依赖于社交平台的网红能够吸引到更多的流量、获得更多的社交资产，反过来又提升了产品展示和品牌推广的效率。由此，以网红为代表的移动社交电商模式通过与社交平台的无缝对接，大大提高了产品交易规模，实现了社交资产的顺利变现。

随着网红经济的快速发展，传统 B2C 电商的中心平台搜索推送模式将受到极大的冲击与颠覆：越来越多的消费者将通过网红社交账户转入品牌界面，越来越多的线上交易将采用可以直接对接社交平台的移动社交电商模式。总之，网红强大的流量导流和营销变现能力，推动了基于社交平台的移动电商模式的快速崛起，从而削弱了以往电商平台的购物方式，促进了更能满足消费者个性化、快时尚需求的去中心化线上购物形态的到来。

6.2.4 网红+化妆品品牌：引爆化妆品品牌的口碑效应

2016 年，网红成为社会各界关注的热点。他们凭借较强的才艺、独特的个性等受到大量粉丝的青睐，当然对于企业来说，更为关注的则是其较强的变现能力。

网红在服装领域尤其是女装领域的影响力极为强大，其独特的搭配风格加上完美的身材，让许多女性消费者争相抢购其推荐的款式。当然，这种外表上的优势绝不仅仅表现在服装领域，在化妆品领域，网红也同样一呼百应。网红们推荐的化妆品品牌很多，无论是芳草集、郁美净等国产品牌，还是迪奥、兰蔻、海蓝之谜等国际品牌，都在其覆盖范围内。韩国化妆品品牌采用网红营销的更为普遍，其中，伊蒂之屋、珂莱欧等品牌是采用网红营销的典型代表。

网红群体在微信、微博等社交媒体平台拥有海量的粉丝，其影响力也多来源于此，所以化妆品品牌与其进行合作时，通常需要借助这些新媒体平台。一些企业选择让网红在其活跃的平台上直接进行品牌推广，也有一些企业选择了更高明的方式——与网红合作进行品牌营销。

以杭州徐娜拉电子商务有限公司为代表的化妆品企业，通过签约网红，帮助其开设淘宝店铺，来对产品进行营销推广。在这种模式下，网红担任品牌代言人，通过公司帮自己开设的淘宝店铺提升企业产品的销量。

网红群体的变现能力，是化妆品品牌选择与他们合作的直接原因。网红通过品牌营销完成了产品导购环节，互联网的便利性及庞大的粉丝群体能够充分保证引流及转化效果。

与传统营销方式相比，网红营销可以被有效量化。网红主要是在微信、微博、视频网站等互联网平台向淘宝店铺引流，线上的销售数据可以被后台系统记录并集中分析处理。从这些数据中，企业可以直接得到细化的曝光、引流、销量、客单价及转化率等量化指标。此外，通过分析网红发布的营销内容的转发及评论数据，也能衡量网红营销的效果。

除了可以被量化以外，良好的营销效果也是网红营销的一大优势。而网红作为企业品牌的代言人，也可以从销售额中获得一定比例的分成。一个拥有上百万粉丝的网红，在店铺上新后，几天之内的销售额就可以达到上百万元，平时再配合一些促销活动，年度交易额甚至可以达到上亿元。

另外，网红在提升企业品牌形象及影响力方面的作用也得到广大企业的认可。在中国市场，韩国知名化妆品品牌谜尚目前正在探索与网红合作，从提升其品牌影响力。谜尚中国区高管表示，作为时尚达人的网红，在化妆品领域有着较高的话语权。如果化妆品品牌能够被多个网红认可，并得到网红的品牌背书，该品牌在广大消费者心中的形象将得到极大提升。

国内的化妆品企业在运用网红进行品牌营销方面，尚属探索阶段。类似于植美村这种行业先行者仅占极小的比例。当然这与企业的商业模式存在密切的关系，那些以线上渠道为主的企业会更倾向于与网红合作。

如火如荼的网红经济也吸引了国内各路玩家的加入，2015年，一些电商起家的创业公司在发现网红的巨大商业价值后，开发出了为网红提供包装、培训、淘宝店铺供应链管理及代运营等多种服务。

在电商基因十分浓厚的阿里巴巴总部杭州，这类网红孵化性质的网红电商公司发展势头尤为猛烈，截至2016年2月，杭州的网红孵化公司总数在几十家以上。其中发展最快的当属杭州如涵贸易有限公司，其凭借自创女装品牌"莉贝琳"发展而来，现在已经成为拥有50名签约网红的国内网红孵化公司领军者。

在这些网红孵化公司快速发展的背景下，能够获取网红经济红利的，不会只局限于服装产业。未来，大量的自主品牌将不断涌现，在网红的影响下，其必将打破国际品牌在国内某些高端市场居于垄断地位的不利局面。

6.2.5 美宝莲：利用网红围观效应，放大垂直网红价值

YouTube作为世界上最大的视频平台，很多年轻女性会在该视频平台上发布自己在服装搭配、化妆等方面的经验和技巧。其中，有一部分人脱颖而出，获得众多粉丝的青睐。眼下虽然无法确切知道这些美妆类视频在同一时间内能够吸引多少用户关注，不过有一点是可以肯定的，那就是美妆已经成为当今女性群体的强需求，而且这种需求还能延伸出其他众多零散需求。

一些富有洞察力的企业正是利用这一点，推出了与美妆相关的移动应

用程序,"小红唇"就是一个典型代表。在美妆方面比较擅长的用户,会以视频形式在"小红唇"上分享自己的经验与技巧。该平台也吸引了一些电商企业的参与,借此进行产品推广。

当然,无论是网络红人还是美妆达人,自制视频内容并发布到网络平台上,以此来进行个人品牌的推广,只是他们的部分价值体现。有些网红在获得较高知名度并积累了大量粉丝之后,会采取一些措施变现,而直播方式能够更加充分地挖掘其中的商业价值。

为了提升自身品牌的影响力,很多企业采用了视频直播方式,如今,该模式也发展得越来越成熟。例如,彩妆品牌美宝莲于2016年4月在纽约举办名为"Make It Happen"的秀场发布会,此次活动举办的目的是进行新品的推广。值得关注的是,出席此次活动的不仅有其代言人Angelababy,还有50名网红参与同步直播。其中,比较知名的有honeyCC、dodolook等。

在发布会举行之前,为了扩大宣传效应,美宝莲以网红围观为宣传点打造H5广告,并以"美宝莲最潮直播间"来命名。为了方便用户观看直播,美宝莲还附上了网红直播的视频链接地址,让用户实时了解发布会的进展。参与此次发布会的网红都在美妆领域受到大批粉丝的追捧,比如张小奈、丁大王Debbie、MJ月亮等,他们的粉丝数量都达数十万。其中一些红人已经拥有独立经营的美妆实体店,发展势头良好,月收入甚至能够达到几十万元。

虽然这些网红不属于同一个平台,但在美宝莲举行发布会期间,他们却都聚集在美拍平台上进行现场直播,原因是什么呢?是网红们早在发布会之前就进行了协商,还是美宝莲与美拍达成了一致呢?无论是哪一条,都与美拍本身有关。

美拍在发展初期以短视频为主导业务,在后续发展中纳入了直播功能。在经营过程中,美拍始终注重突出自己的时尚风格,在短时间内就从众多短视频平台中脱颖而出。同时，美拍在发展中积累了大批热爱美妆的忠实用户，他们都会在平台上分享自己的美妆视频，其他视频平台的美妆达人在规模上都不及美拍。因此，美妆产品的推广及销售都可在该平台上进行。

美宝莲之所以与美妆网红合作，原因在于这些红人都有固定的粉丝，还能够独立生产内容并进行传播。相比之下，偶像明星需要更多的资金投入，还很难抓住用户的需求，而网红能够将商品推荐给有需求的粉丝用户，扩大其推广力度。虽然明星被大众所熟知，影响范围更广，但其精准性无法与网红相提并论。

另外，很多网红最初都是从短视频平台发展起来的，他们的发展历程有很多共同之处：在开始阶段将自制视频分享到短视频平台上，吸引粉丝的同时提高自己的影响力，接下来再向其他领域拓展，短视频平台成为他们的起家之地。

如今，通过直播，网红的个人品牌形象塑造得愈加成功。很多人利用各种视频平台脱颖而出成为网红，这些人能够在信息输出的基础上调动粉丝的积极性与参与性，使粉丝认可自己推荐的产品，并挖掘其中蕴藏的商业价值。

直播是网红使用的工具与技术手段，随着互联网的不断发展与普及，内容呈现的形式从最初的文字与图片转变成语音，之后又转变成短视频以及如今新兴的直播。

有很多网红是通过短视频发展起来的，他们在大规模积累粉丝的基础上不断发展，比如红透半边天的 papi 酱、艾克里里等。

相对于偶像明星而言，大多数网红的影响仅限于某个特定的领域，范围比较小，因此，网红的营销效果要延迟一些，然而，正是众多垂直领域共同构成了整个互联网体系。

大多数女性从年轻时就开始购买美妆产品，而且，随着经济水平的提高，其消费能力也会逐渐增强。所以，从这个角度来分析垂直网红对美妆产品的推广，即便刚开始有点混乱，但网红营销的针对性确实要强一些。

那么，美宝莲在纽约发布会上邀请50名网红，能够带来什么影响呢？

① 能够充分挖掘网红的商业价值

近年来，随着网红经济的发展，网红群体涉足的领域越来越多。最初以网络游戏主播为主，而今，很多细分专业领域都出现了担当意见领袖的网红。这些网红不仅拥有粉丝基础，还熟练掌握特定领域的技术，并得到该领域大众用户的认可，因此很多知名品牌发布会都会邀请网红参与。

如果以流量积累、粉丝规模为标准来衡量网红与传统明星的价值，若网红的粉丝数量突破1000万，则其价值与影响力可能会超过明星。正是因为相同的流量基础，用于网红的成本投入比多数明星都要低，网红经济才成为众多业内人士讨论的话题。

② 直播推动传统广告方式的变革

如今，为了扩大宣传，越来越多的企业开始尝试采用直播方式，那些仍然固守传统营销模式的商家则处于被动地位。例如，杜蕾斯于2016年3月在视频分享网站Bilibili建立视频直播间，进行3个小时的新品发售直播。今后，这种直播形式的应用会更加普遍。

第七章

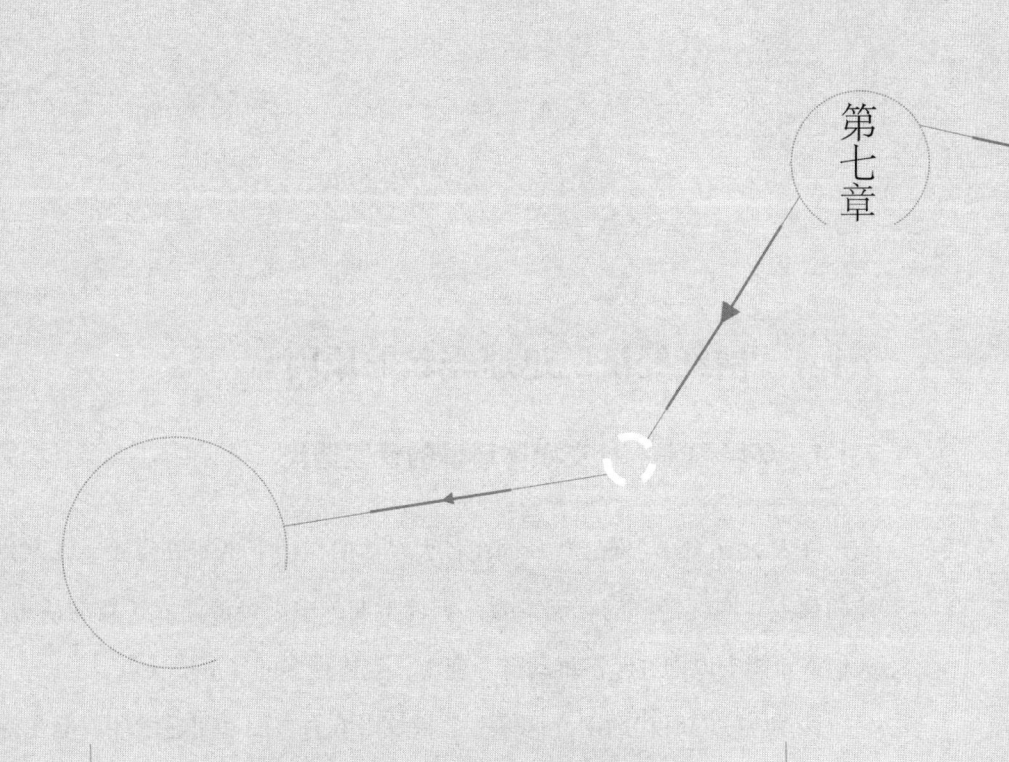

超级IP：如何像打造
产品一样打造网红

7.1 "网红经济"迅速崛起的原因

7.1.1 环境因素：社交媒体环境的快速迭代

进入2016年，"网红"一词在各大媒体的传播下迅速成为社会各界关注的焦点。网红经济的崛起，为处于转型期的中国经济注入了新的活力，人们寄希望于以网红经济推动行业变革，创造更多的经济增长点。

移动互联网时代的网红群体在数量及影响力方面都明显增加，但在持续时间上似乎越来越短。类似芙蓉姐姐、奶茶妹妹这种早期的全网红人，虽然走红所需的时间相对较长，但她们被人们关注的时间也明显比现在的网红更长。如今，在我们甚至还没有记住前一个"网红"的名字时，取代他的网红已经迅速崛起。

网红的生产周期及持续时间为何会大幅度缩短呢？最为关键的是，移动互联网时代为其提供了前所未有的发展空间，具体来说，就是社交媒体环境更新迭代的速度明显加快。

2009年成立的新浪微博，让我国迎来大众社交媒体时代。2009—2012年，新浪微博是社交媒体的绝对中心。而之后腾讯内部创业开发的微信却改变了这一局面。2011年年初，横空出世的微信，将我国的移动端社交圈的发展提升到了新的高度。

2013年，微信用户突破6亿大关，微信成为又一大社交媒体平台。在用户停留时间及覆盖率方面，微信甚至比新浪微博更具优势。但如果仅从网红角度而言，大多数网红活跃的主战场还是新浪微博。

2014年，国内出现了垂直领域的社交媒体产品，比如唱吧、美拍、秒拍等，定位于小众群体的它们，发展势头尤为迅猛。这些垂直社交产品在兴趣爱好、短视频拍摄、二次元动漫等细分领域精耕细作，它们以创业者，更以挑战者的心态进军社交媒体领域。在这种背景下，2015年，网红呈现爆发式增长。

虽然垂直类的社交媒体产品发展较快，但是其在用户使用率及功能优化等方面，还有较大的提升空间。随着游戏、视频、电商、金融等领域的社交化，垂直社交产品的用户规模及忠实度将有较大程度的提升。可以预见的是，未来，垂直类的社交媒体产品将迎来爆发式增长期，其蕴含的商业价值为许多企业带来了巨大的想象空间。

虽然微信、微博仍然会在相当长一段时间内占据绝对优势，但更加强调个性化的年轻一代，必定会推动大众社交媒体时代向小众化社交媒体时代转变。这些垂直类的社交媒体产品，以人们的个性化及多元化需求为价值导向，这也决定了未来人们的互联网生活将会更为细化。

7.1.2 需求因素：个性化、小众化圈层出现

随着社交媒体产业的不断发展，各种垂直领域的社交媒体产品不断涌现，催生了许多基于某些特定兴趣、爱好及个人追求等建立的个性化及小众化圈层，人们的个性化需求得到更大程度的满足。去中心化，强调自由、平等的设计风格让人们更容易获得存在感及参与感。

在这些小众化圈层中，每个人的权利更容易得到尊重，人们之间的互动性会更强。每个美拍或者唱吧圈子中，有才能的人都能自由展示。那些有创意、有特殊才能的人，会更容易获得成功，这也激励着社群中的其他人更加积极地创造优秀的作品。

所以，社交产品通过在功能上进行优化，来凸显那些优秀的作品，会进一步提升人们参与信息分享的热情，这些信息主要是人们的观点、看法、作品等。当那条竞争激烈的明星路线走不通时，许多人借助小众化的圈层也能获得成功。这种具有明确方向、有一定保障的方式，极大地激发了他们的参与热情。

那些独具风格、强调个性、好胜心强、不甘平庸的人会更为积极。垂直化的社交平台给普通的消费者提供了更好的发挥空间，也让那些网红孵化公司可以通过较低的成本，培养出具有较高商业价值的网红。于是，发掘并培养网红，帮助网红吸引粉丝，创建品牌，提供衍生产品及增值服务，从而完成价值变现的一条相对完善的网红经济产业链条由此形成。

垂直社交产品的出现，极大地满足了普通人发展兴趣爱好的需求。当然，许多人使用垂直社交产品并非是出于成为网红的目的，他们可能是为了满足自己的兴趣爱好、个性化需求而成为这些产品的用户的。他们发现在这些平台上，所有人都拥有平等的权利，都可以自由自在地参与知识分享，这种良好的氛围让人们在提升自己能力的同时，能够不断创作出更高水平的作品。

2014年，以唱吧、锋绘动漫、妈妈网为代表的垂直社交产品的崛起，为2016年网红经济迎来爆发式增长打下了坚实的基础。在社交媒体产业发展的过程中，必定会出现一些我们意料之外的事情，网红可以说是现阶段最为典型的代表，这些走上风口的网红们也自然成为最直接的受益者。

7.2 网红的自我修养：如何成为一名超级网红

7.2.1 传播内容：精准定位，打造极致产品

网红想要从众多竞争者中脱颖而出，必须关注以下3个方面：首先是输出的信息；其次是要关注针对的目标人群；最后，要注意通过什么渠道来传播信息，以及如何扩大自己的信息覆盖面，即如何吸引更多用户的关注。

通过对网红输出的信息内容进行分析不难看出，能够获得用户关注的信息，要么切合新闻热点，要么能够愉悦身心，又或者是娱乐资讯。这些信息能够吸引观众眼球的原因在哪里呢？

随着互联网与移动互联网的发展，各种信息充斥着用户的日常生活，同时，人们的生活节奏日益加快，技术发展日新月异，无论是信息、技术、服务，还是商品，都处在快速革新状态。企业为了维持自己的竞争地位，必须加快发展步伐，随之而来的是排山倒海的压力，身处在这样的环境中，网络用户自然会寻找发泄方法。因此，那些能够平复用户心情、排遣压力的内容与产品，更容易吸引用户的注意，成为人们关注的焦点。

微信平台经常会给用户推送热点资讯，且更新速度很快，一般不会超过三天。分析这些资讯的内容可以看出，几乎所有热点都能激起大众的兴趣，也有助于排遣压力。同时，这些热点能够引起用户之间的热烈讨论，成为人们共同的话题，新的热点推出时，他们的话题中心也会随之迁移。如今，用户的这种信息消费特点愈加明显。

此外，还有一个比较显著的特点是，用户通过社交平台浏览的信息有很大的差别，这些差别主要体现在信息需求的类型上。

通常情况下，娱乐性较强的信息更能吸引用户的关注，绝大多数用户都可以被划分到这个层次中。这些用户在信息需求上的共性是，他们倾向于浏览那些轻松、幽默、无须动脑思考的内容，因为这些信息能够缓解压力，使人们心情愉悦，很多用户也会自发转载这些话题。

随着信息传播范围的不断扩大，其影响力也逐渐增大，最终成为全体用户的关注焦点，进而给人们带来精神宣泄或情感上的共鸣，由此加速信息在更大范围内的传播。因此，相比之下，娱乐性较强的信息更能引人注目。

7.2.2 目标对象：群体定位，实现粉丝聚焦

绝大多数网红是年轻人，他们经常使用专注于某一细分领域的社交平台，对当今社会的流行事物很敏感。同时，他们还经常使用年轻人才能理解的词汇及表达方式，这些词能够使年轻的粉丝用户产生认同感。另外，年轻人将网红当作时尚潮流的风向标，认为他们的行为习惯及做事风格是新潮做派，因而，网红能够抓住年轻人的需求点。

网红输出的信息内容首先会在年轻粉丝群体中传播，引起年轻用户的关注，当其影响力到一定程度，传播范围会随之扩大，使其他年龄段的用

户参与到话题讨论中。

在目前国内的众多网红中，大鹏的走红之路格外特别。在2010年之前，大鹏的工作是娱乐记者，后来机缘巧合，大鹏成为赵本山的弟子，但这一身份并没有让大鹏的生活发生太大的变化，直到网络剧火爆的时代到来。

2012年，依托搜狐娱乐平台，凭借自己工作多年积攒的人际关系，大鹏的作品《屌丝男士》正式上线。由于观众定位精准、制作形式新颖以及诸多明星的加盟，《屌丝男士》不仅成为播放量最高的网络剧之一，而且吸引了诸多观众的评论、转发和分享，而《屌丝男士》的主演和主要制作人大鹏也逐渐被观众所熟知。2014年登上央视春晚演小品，则进一步提升了大鹏的知名度。

在《屌丝男士》(第二季)由于审查原因而遭"下架"处理后，大鹏拍摄了与《屌丝男士》观众定位基本一致的《煎饼侠》。由于《屌丝男士》之前积累的庞大粉丝群体，《煎饼侠》可以算是一部自带IP属性的产品。最终，《煎饼侠》大获成功，成为一部现象级的喜剧作品，不仅收获了11.58亿元的超高票房，还荣获"2015年最具网络热度IP奖"。

除了拍摄以及出演网络剧、电影之外，具有超高人气的大鹏不仅开始参加各种综艺节目，还先后出版了《先成为自己的英雄》和《在难搞的日子笑出声来》两本书。

新兴的专注于细分领域的社交平台，都将年轻用户群体作为自身产品的目标人群，关注这些产品的用户也呈现出明显的年轻化特点。这种类型的产品通过社交平台进行传播，用户多为有共同兴趣、口味的年轻人。年轻人在社交平台上交流互动，将自己的观点、看法与其他用户进行分享，社交平台从中筛选出质量高的内容，进行更大范围的传播，吸引更多用户参与。一般来说，粉丝越积极、踊跃地发表观点，平台越频繁地进行信息传播，用户对平台的依赖性就越强。

国内互联网用户大多集中在20～30岁的年龄段。随着发展，15～20岁的用户逐渐增多。如今的年轻人更加追求个性化，对内容的要求不断提高，因此，要获得年轻用户的喜爱与追捧也越来越难，随之而来的是对网红的要求不断提高。

7.2.3 传播路径：内容分发，吸引更多关注

当网红输出了质量较高、符合用户需求的信息，并通过社交平台的应用获得了大批粉丝用户的支持，即意味着他拥有一定的实力，能够成为这个圈子中的佼佼者。但这不代表从此以后他就可以坐享其成，因为要想获得更大范围的传播，还要进行内容开发，增加粉丝群体的规模。

虽然说内容生产是基础，但对于网红而言，只有具备良好的渠道分发能力，才能拓展其内容的传播范围。如果网红的影响始终局限在小圈子里，之后的个人品牌打造、粉丝经济变现也就无从谈起。

在传统模式里，经过主流门户网站宣传及推广的资讯，很容易成为广大网络用户讨论的热点话题，这些网站的作用如同之前的电视或广播。然而，随着互联网的不断发展，原本集中分布在一个领域内的用户已经被冲散，用户（尤其是年轻用户）关注的细分领域不同，所处的社交圈子也各不相同。

同时，随着市场竞争的加剧，各个细分领域的媒介纷纷展开自己的社群平台经营，它们在争夺粉丝用户的过程中，逐渐建立成独立经营的完整服务体系。因此，各个平台之间的联系非常少，也不存在信息共享与合作。

因此，通过某个平台发布的信息，通常只会对活跃于该平台上的用户

产生影响。当然,如果信息能够引起用户的广泛认同,并促使他们自发转载,分享到微博、微信等应用更加普及的社交平台上,也可能达到大范围传播的目的,但这种情况毕竟只是少数。而且,仅通过单个平台的推广,很难实现。相比之下,若能将信息内容进行多渠道分发,扩大用户的信息接触面,吸引更多用户的注意,就更容易在短时间内点燃粉丝用户的激情,获得更多人的支持。但这个过程中涉及的因素有很多,也不排除信息虽然在多个渠道分发,仍然得不到广泛关注的情况。

分析近两年各个领域网红的内容传播方式可知,类似百度贴吧的话题传播渠道,美拍、微拍、优酷、土豆等视频传播渠道,全民K歌、唱吧等以共同兴趣为核心的社交平台,使众多原创信息生产者脱颖而出成为网红。这些平台有一个共同的特点,就是其用户都以年轻人为主体,这些年轻用户群体同时也是微博、微信等大众社交媒体的应用者。

从表面上来看,一些人是在短时间内迅速蹿红的,但事实上,不少网红是经历了很长时间的积淀才集中爆发影响力的。他们发展之初,也是在小圈子里圈粉,传播范围并不大,推广力度也十分有限。这个阶段他们会持续发布优质内容,获得更多粉丝用户的关注。经过内容分发后,其粉丝规模进一步扩大,影响力进一步提升。

2016年4月,papi酱的贴片广告卖到2200万元,可见其影响力之大。但其实,papi酱在走红之前,也经历了长时间的积累阶段。她一开始通过微博发布视频内容,但其呈现形式没有鲜明的个人特点,所以关注的用户较少。

后来,papi酱用小咖秀、美拍、弹幕社区等进行内容分发,同时逐渐完善自己的表达形式,在集中于时下热点话题的同时,将声音做了进一步处理,使得整个视频的节奏、特征更加明显,吸引的粉丝也越来越多。就这样，其内容经过微博与微信的传播为广大用户所知，并聚集了大批粉丝（如图7-1所示）。

```
2015
2015.09 — papi酱注册个人公众号
2015.10 — papi酱开始上传原创视频
2016
2016.02 — 凭借变音视频，迅速走红
2016.03 — 获得罗辑思维、真格基金、光源资本等1200万元融资，估值1.2亿元左右
2016.04 — 4月18日，papi酱视频被广电总局要求下架整改；
         4月21日，papi酱首个贴片广告以2200万拍卖
......
```

图7-1　papi酱的走红经历

由此可见，其基本运营逻辑是：生产高质量内容，进行多渠道分发，扩大传播范围，形成传播点，进一步提高影响力。

大众社交媒体（比如微博、微信）确实能够起到巨大的推动作用，但相对于其他垂直社交平台，通过大众社交媒体走红的难度要更大。原因有两点：一是需要经过长时间的酝酿；二是制造传播点的难度不断提高。在移动互联网时代，用户对信息的接受能力不断提高，要获得大量粉丝的关注并不容易。因此，内容生产者需要在内容本身及其呈现形式上下更大的工夫，才有可能在微博、微信上获得广泛传播。

今后，以年轻人为主要用户群体的社交平台将得到进一步发展，届时，与社交平台密切相关的网红经济也会逐渐进入稳定状态，而网红的内容分发渠道也会不断向外延伸。很多网红的发展道路都是有规律可循的，刚开始时利用垂直社交平台推出自己的作品，以内容吸引小圈子内的粉丝，之后再扩大传播范围，同时改进自己的内容输出，最终通过大众社交平台打造属于自己的品牌。

不过，依照目前的发展状况，还无法准确地预知网红经济未来的发展走势。网红需要做的就是，尽可能地维持并提高自己的竞争地位，顺应潮流，通过多种渠道进行内容推广，增强自身发展的持续性。

7.3 个人IP：视频直播时代的网红成长之路

7.3.1 直播：个人影响力变现的最佳渠道

2016年，互联网领域的一个现象级事件引起了人们的广泛关注：1987年出生、毕业于中央戏剧学院导演系的"papi酱"（姜逸磊），在2016年3月获得了真格基金、"罗辑思维"、光源资本和星图资本共计1200万元的融资，其粉丝数量突破1200万。2016年4月21日，以2200万元拍出首条贴片广告后，papi酱成为新媒体第一个标王，被称为"2016年第一网红"。

另一个引起人们广泛关注的是视频直播行业。这个以电竞业为基础的领域，在2016年开始全面布局移动化和泛娱乐化产业，展现出巨大的商业价值，吸引了更多的参与者。

欢聚时代向虎牙和ME直播投资了10亿元，并以1亿元巨资签约电竞主播MISS；腾讯向斗鱼直播投资了4亿元，让后者的估值达到10亿美元；昆仑万维、复赛等向成立不久的社交视频直播应用映客联合注资8000万元人民币；归入阿里巴巴旗下的陌陌也顺势推出了直播视频社交模式，使自身估值达到10亿美元；易直播完成了6000万元人民币的A轮融资；360、秒拍、Msee、美拍等平台也推出了相应的视频直播软件和功能……

同时，各方参与者也下足了工夫进行视频直播内容的生产：映客直播聚集了一批"赵家班"弟子；360的花椒直播则借"好声音"成员吸引用户；手机直播咸蛋家主要以网剧红人盛一伦、黄景瑜吸引眼球。此外，ME直播助力鹿晗演唱会，美拍与张艺兴、范冰冰合作，熊猫TV让Angelababy成为平台主播等。视频直播行业的参与者投入巨资签约网红和明星，积极进行内容生产，以培育更多用户，拓展行业市场空间。

将上述事件综合起来分析，可以发现2015年快速崛起并受到广泛关注的网红产业，在2016年实现了更快更好的发展：网红从特例化、小规模，发展为具有更大价值的规模性产业；个人IP价值将借助直播等多元化方式实现指数化增长；网红的变现模式也从单一的秀场转变为"秀场+知识+社交"的方式。

总体来看，直播特别是移动直播时代的到来，使网红摆脱了以往中心化平台的变现方式，个人能够通过直播平台实现更加快速、便捷的影响力变现。

不过，近期国内直播平台疯狂烧钱、野蛮扩张的现象也引起了业内人士的忧虑。特别是政府对直播平台监管整顿力度的不断加强，以及2016年3月曾火爆一时的美国同类网站Meerkat主动放弃直播业务，更是引发了人们对国内直播行业长远发展的担忧。不过，诸多问题虽然会制约、延缓直播平台的发展，但并不能阻碍直播产业崛起的步伐；而且，有效解决发展过程中的问题，也有利于直播行业的长期健康发展。

消费不对称、优质内容匮乏等是国外媒体从业者不看好直播产业的重要原因，而根据我国视频直播的具体情况，当前直播平台发展的主要制约因素包括以下 4 个方面（如图 7-2 所示）。

图7-2　制约视频直播行业发展的主要问题

① 政府监管问题

直播平台为了有效吸引流量，常会在 UGC 内容上对色情、暴力、赌博等触碰法律红线的行为睁只眼闭只眼，导致政府进行干预、监管甚至查处。

在 2016 年 4 月 14 日文化部公布的第二十五批违法违规互联网文化活动查处名单中，斗鱼、虎牙、YY、熊猫TV、战旗TV 等多家知名直播平台都因宣扬淫秽、暴力或危害社会公德等问题而被纳入其中。广电总局在 4 月 18 日以视频主持人频爆粗口、存在侮辱性语言等问题勒令"2016年第一网红"papi酱进行整改。

② 行业畸形发展问题

VC盲目投资追捧，"跑马圈地"式的恶性竞争使直播行业畸形发展。大量资本的涌入很容易吸引更多的参与者，使原本需要长时间运营积累和培养用户的直播行业被迅速催熟，由此造成了参与者"烧钱"式的恶性竞争和行业的虚假繁荣，这显然不利于直播行业的长远发展。正如前两年十分火爆的打车和团购行业，在经过大量烧钱的"繁荣"之后，滴滴、美团等仍然没能探索出有效的创收路径。

③ 内容和产品同质化问题

从当前来看，国内直播平台在直播界面、产品内容、功能架构、盈利模式等方面都高度一致，内容类别也多以"秀场（美女）+其他类别"的形式为主，缺乏差异化内容。同质化的内容和产品不仅加剧了竞争，也不利于直播产业的长久发展。

④ 优质内容匮乏问题

当前视频直播特别是秀场模式的UGC，多是消磨无聊时间的劣质内容，难以长久吸引和黏住用户。而从文字到直播，UGC内容创造的门槛显然越来越高，这导致当前国内直播行业在优质内容方面十分匮乏。

上述因素都可能成为制约视频直播行业发展的瓶颈，造成大量参与者被淘汰。然而，这些因素并非只存在于直播行业，基本上互联网的各个产业都会遇到，如视频、社交等。

在移动化、社交化的大背景下，再加上快速崛起的网红行业的助推，以及国内特有的网民群体文化，国内直播平台有可能发展出比国外直播行业更多的产品形态，成为个人影响力变现的最佳渠道，其发展前景也会超过人们的预期。

7.3.2 主播：低门槛下的个人IP化

直播平台最大的特质是 UGC，即由个人（主播）为用户创造和提供内容，主播在平台上建设并维护自己的个人形象，与粉丝进行实时互动。与传统平台相比，直播平台大大降低了个人 IP 化的门槛，并能够借助平台机制进行个人影响力的快速变现。

个人化的 IP 早已出现，并展现了巨大的价值创造能力。如新东方培育了罗永浩、徐小平、周思成等名师，中央电视台涌现了罗振宇（罗辑思维）、王凯（"凯叔讲故事"）、马东（米未传媒）等个人化 IP。这些个人在成长为 IP 后，他们开创的新业务既容易获得媒体和资本的认可，也容易聚合起大量粉丝用户，打造流畅快速的变现渠道。

互联网的深度发展加快了个人 IP 化进程，提供了更加多元的 IP 化渠道和变现方式。大鹏、ayawawa、呛口小辣椒、vcruan、雪梨、董小飒、咪蒙、同道大叔等快速崛起，并通过淘宝平台、视频网站、知乎、微信等不同的渠道完成了变现。

不过，个人 IP 化仍是小范围、小群体的专利，还没能真正走向大众。平台的限制导致个人 IP 化发展缓慢，主要表现在：

平台运营机制导致个人 IP 化的门槛提高；

个人化 IP 缺乏顺畅高效的变现渠道；

IP 化的个人与粉丝缺乏通畅有效的交互沟通平台，影响了粉丝忠诚度的提升。直播平台的大众化、快速变现、实时交互特质为上述难题提供了有效解决方案，推动了以主播为代表的个人 IP 化的规模化、批量化发展。

（1）直播降低了个人IP化的门槛

以往，由于内容制作的门槛较高，个人IP必须经过长时间的积累并有意为之，才能打造出来，如罗永浩分享的人生态度、吴晓波对财经信息的分析等。

从网红的发展历程来看，李寻欢、今何在、安妮宝贝等第一代网红凭借的是深厚的文学功底；图片时代的流氓兔、芙蓉姐姐、奶茶妹妹等网红依靠的是吸引眼球的美女图片；宽频时代的胡戈、papi酱等则凭借备受追捧的创意性优质视频内容而成功突围。虽然不同阶段个人IP化的模式不同，但这些IP化的个人都是拥有较强专业内容创造能力，或者背后拥有专业运营团队的少数人。

与此不同，直播平台大大降低了内容生产的门槛。不需要专业化的知识、技能或剪辑拼接能力，直播平台上的内容可以随手创造。当然，若要在众多主播中成功突围，仍然离不开内容方面的深耕细作；但如果只是想获取小范围的影响力，直播形式无疑是个人IP化的最好方式。

虽然容貌、声音等因素在直播平台上依然发挥着效用，但很多有特点的个人也能借助直播平台快速扩散影响力，即便他们无法将知名度扩展到更大的范围，也至少会成为直播平台上某个圈子里的达人，并聚合起一批拥趸者。这些直播平台上的达人也许没有特别出众的相貌，但却代表着圈内的粉丝群体，赢得了粉丝的心理认同。

对于粉丝来说，重要的不是主播所讲的具体内容，而是内容能否与主播的个人特质相契合，能否真正满足"我"的心理诉求，从而使以往只能"远观"的影响力，变成"我"的代言人。同时，粉丝通过打赏、点赞、互动评论等方式，帮助主播扩散知名度和影响力，在主播成长过程中扮演着重要的角色。

在明星与粉丝互动方面，日本大型女子偶像组合 AKB48 无疑是最成功案例。通过"台上表演、台下观看、台下反馈决定台上演出"的交互传播机制，粉丝见证和参与到了偶像出道、成长、爆红的过程中，并在很大程度上决定了偶像的成长路径和成长高度。

AKB48 的互动养成模式，创造了一种全新的偶像培育和成长路径，能够获得粉丝更深度和更长久的认同。如在 AKB48 "总统"选举期间，中国粉丝在极短的时间里筹集到 180 万元的费用。直播网站与 AKB48 的偶像养成模式十分相似，而且门槛更低：粉丝决定主播的收入，并帮助主播进入热榜；主播则对粉丝的打赏、点赞等行为即时感谢，与粉丝实时互动，并根据粉丝要求进行相应的表演。因此，直播平台超强的实时交互功能为主播和粉丝提供了便捷、顺畅的沟通渠道。

（2）IP 化个人的变现渠道更通畅

在电子竞技领域发展起来的直播与秀场密不可分，秀场模式也成为直播的主要形态。直播平台上的用户打赏机制成为主播个人影响力变现的高效渠道；平台上的实时交互功能使主播能够获得更多的即时信息，从而根据粉丝打赏情况、观众数量等判断自身或直播内容的受欢迎程度。

与尚未成熟的微博、微信的打赏机制相比，直播平台个人化 IP 的打赏机制已相对完善，一场直播收入成千上万元并不少见。比如，当前电竞领域最具影响力的人物 Miss，一场直播的打赏收入甚至能够达到上百万元。

（3）IP 化个人的粉丝基础更强大

传统个人化 IP 缺乏有效的交互沟通渠道，阻碍了偶像与粉丝的长久、深度互动，造成个人化 IP 粉丝基础薄弱，制约了 IP 化个人品牌的发展。

与此不同，直播的实时互动机制强化了用户打赏行为，很多粉丝不惜花费重金获得主播的关注、加微信特权或者连麦交流。这与罗振宇大受追捧的线下讲座和会员活动具有相同的内在逻辑：主播获得了更多的粉丝变现价值，而粉丝也借此与偶像实现了近距离的亲密接触和互动。

其实，具体的打赏与受赏过程并不重要，关键是直播平台借此为粉丝和偶像打造了一个实时交互的平台，从而既满足了粉丝"近观"偶像的心理诉求，又增强了主播的粉丝基础，为IP化个人影响力变现提供了有利条件。

与以往个人化的IP不同，主播多是与粉丝关系紧密、能够代表粉丝的普通人，直播内容也多是更加随意的生活化场景。这不仅使凸显了主播的个人特质，也使直播内容更加丰富多元，从而能够长久有效地吸引和黏住更多粉丝。

7.3.3 变现：全新内容生产方式的必然结果

（1）直播是全新的内容生产方式

与传统文字、图片和视频等的内容生产相比，直播平台是一种全新的内容生产方式，大大降低了内容生产的门槛。同时，实时交互功能也增强了直播内容与用户需求的契合性。

传统的内容生产模式是标准化、精细化的流水线作业，即首先从多个角度拍摄大量内容，之后借助后期的剪辑拼接为用户呈现出精致作品。这种模式不仅门槛高、耗时长，也很难根据市场变化及时优化调整。

例如，很多电视剧都是全部拍摄完成后再推向市场，很难根据观众的反馈对后续情节进行相应的调整，即便想这样做，对于很多团队而言也是十分困难的。这就是边拍边播的电视剧制作模式难以大规模推广的原因。

与此不同，直播不需要花费大量的时间进行拍摄和剪辑拼接，只要一台电脑或一部手机就可以随时随地进行直播。直播的内容既可以是以往的精细化作品，也可以是旅行、脱口秀、技能展示，甚至是简单的随意聊天。

这使得每个人都可以成为主播，成为直播平台的内容生产者。而且，多元的直播内容使再小众的内容需求都能够在直播平台上得到满足；同样，任何小众内容都能够在直播平台上呈现并获得拥趸者。

若是排除平台为监管而设置的滞后时间，主播的每一次直播都是实时的，具有极高的时效性和传播速度。主播可以基于最新发生的热点事件定制内容主题，并在紧急事件发生后立即进行内容生产和输出。

例如，和颐酒店女生遇袭事件当天，便有人到事发酒店进行了直播，这比传统电视媒体的介入时间早了近一天。因此，直播的低门槛和全新的内容生产方式，让每个人都可能成为主播，成为重大事件的记录者。这也有利于中央电视台等传统主流媒体通过接入直播源连接当事人，获取第一手资料。

虽然直播的内容生产方式，与当前备受青睐的众包和分享经济模式不同，但它们都注重对个人价值的挖掘和发挥，并通过不断积累形成新的势能。简单地讲，就是每个人都是内容的消费者，同时又是内容的生产者。人人都是主播，人人也都是观众。

直播平台强大的实时交互功能，使内容生产与用户需求有着更高的契合度，按用户需求进行内容的定制化生产成为可能。主播可以基于自身特质寻求合适的受众，从而能够更容易、更便捷的按需求定制内容。直播过程中的实时交流互动，使主播能够随时精准把握受众的需求变化，从而及时进行内容更迭和调整；在"问——答"的实时互动中，虽然直播内容会因粉丝需求偏离原规划，但深度互动会产生更多"火花"，从而使每个参与的用户都成为某种程度上的内容生产者。

另外，除了更低的门槛和更高的需求契合度，直播的内容生产方式也更加大众化，容易被用户接受和认同。很多时候，直播的内容并非越专业越有价值就越好，主播的临场表现也是能否获得用户青睐的关键因素。

（2）直播可以实现快速且高效的变现

对于 IP 化的个人或企业来说，变现获利才是他们的最终目的，VC 追捧也多是看重他们现在或将来的创收能力，因此缺乏有效变现路径的 IP 是没有任何商业价值可言的。当前很多视频媒体从广告模式转向会员模式，就是为了打造更有效的变现路径。

直播秀场模式创造了 IP 变现的新路径：与直播平台签约能使处于金字塔顶层的著名网红获得巨额收益，如电竞女王 Miss 与虎牙 3 年 1 亿元的签约；底层数量庞大的主播群体则主要通过直播平台的打赏机制实现快速高效的价值变现，且这一变现结果也更多取决于主播自身的影响力。

从深层次来看，网红的价值不仅在于流量，更在于其对粉丝强大的心理唤醒能力。即在直播中，网红通过独特的个人展示引发粉丝的认同和共鸣，让粉丝将自身代入主播的角色，从而在潜意识中认为对主播的打赏就是对自我的肯定。这就是很多疯狂粉丝不吝打赏的深层心理机制。

秀场快速高效的打赏变现模式在泛娱乐直播领域同样能够发挥巨大价值。例如，在 2016 年 2 月 22 日 Miss 的直播中，仅前五名粉丝打赏的额度就超过了百万元；袁腾飞的花椒直播首秀，半小时吸引了 50 万用户的关注，并获得了十分可观的打赏；拥有 200 万微博粉丝的著名网红张大奕，2016 年 4 月 20 日在映客的首次直播中，一小时就获得 5000 元打赏，聚集了 13 万粉丝。

（3）直播是满足年轻用户需求的更优解决方案

马斯洛将人的需求从低到高划分为 5 个层次。对于和互联网一起成长起来的年轻群体而言，最基本的生理与安全需求早已不成问题，他们更看重的是爱、归属、尊重、自我实现等更高层次的诉求（如图 7-3 所示）。

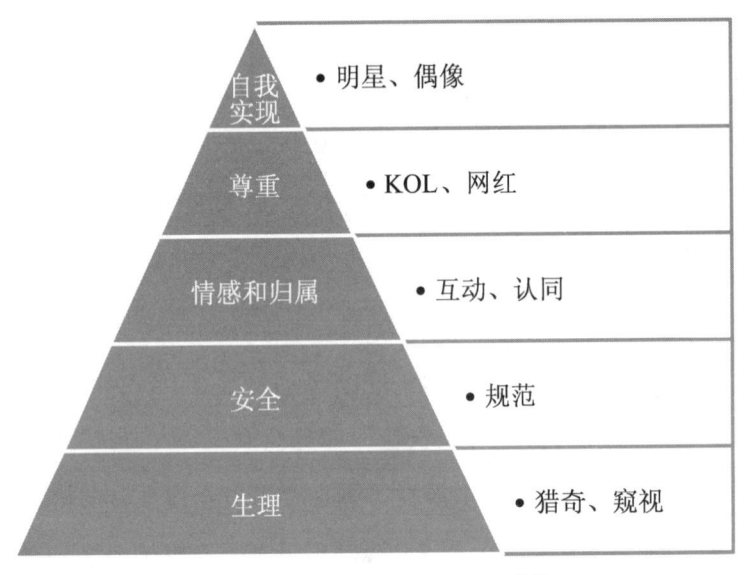

图7-3　直播背后的"马斯洛需求"

面对年轻用户的深层社交心理需求，直播无疑是最直接、最有效的问题解决方案。特别是声音、文字、图像等多形态的实时交流反馈，以及直播平台上的各种激励机制，更是充分满足了年轻用户的心理诉求。

同时，直播平台的实时交互机制也契合了互联网实时化、移动化的社交发展态势：从最初的 BBS、博客，到微博、视频、直播，再加上移动互联网时代的到来，都表明线上社交形态在向着实时、便捷、移动、高效的方向发展。

直播也是消磨无聊时间的最佳解决方案。具有高度互动性的实时直播平台能够充分调动用户的参与意愿，用户可以在直播平台上选择自己喜欢的主播进行互动，通过送礼物或打赏的方式让主播向自己表达谢意等。可以预见的是，会有越来越多的人选择直播平台作为打发无聊时间的渠道。

另外，直播还满足了用户猎奇、窥私等心理需求，为那些想要窥视他人生活的人们提供了一个光明正大的渠道。

（4）企业与直播平台发生关系的最佳时机

与常规内容平台相比，直播平台的一大特点是主播对平台流量有重要影响。因为对于观众来说，他们观看和追逐的是主播，平台只是一个渠道和载体。

在直播领域，用户是跟随主播的，主播在哪个平台，粉丝就会聚合到哪个平台。当用户聚合到这一平台后，又会不断吸引同类主播进入该平台，从而形成平台的特有属性。如此，平台与主播交互增强、相辅相成，打造出品牌特色。因此，当 Miss 离开龙珠进入虎牙、小智离开熊猫进入全民 TV 后，龙珠和熊猫直播平台的流量与品牌都受到了影响。

① 直播平台激烈的竞争以及变现压力

经过 2015 年的大规模融资，2016 年直播平台在继续高速发展的同时，也面临着更加激烈的竞争和变现压力。那些后续发展乏力、变现困难的直播平台，将逐渐被资本市场所抛弃。特别是在腾讯、百度、阿里巴巴、小米等企业发力布局直播领域的情况下，垂直直播平台需要更多的资本来"跑马圈地"，也需要探索更加快速、高效的变现路径，这为企业与直播平台建立合作提供了契机。

② 直播平台泛娱乐化的业务拓展需求

从当前来看，直播平台的内容主要是游戏电竞和美女直播，高度同质化的内容不仅无法体现直播平台在知识传递方面的价值，也影响了平台的差异化发展和融资，不利于直播行业的长远健康发展。

基于此，很多直播平台已经开始进行泛平台化战略布局：虎牙推出户外、体育和动漫频道，斗鱼涉足体育、科技领域，龙珠则在娱乐、音乐等方面进行了布局。由于泛娱乐化战略对内容提出了更高的要求，因此内容输出企业将与直播平台发生更加紧密的联系。

③ 与主播建立联系的时机

企业与直播平台的合作，离不开与主播建立有效的联系。作为直播平台的最重要资源，企业只有与主播达成深度关联，才能借助主播的影响力塑造品牌形象，获得更多品牌溢价。这与众多品牌热衷于明星代言的内在逻辑是一致的：将品牌与明星联系起来，使粉丝基于对明星的信任和喜爱对品牌产生良好印象，从而实现品牌形象的塑造和影响力的扩散。

企业与主播的合作也是如此，借助品牌与主播的深度关联，将主播粉丝逐渐转化为品牌粉丝。同时，在当前大量主播进入平台的情况下，很多主播的影响力还没有达到个人IP化的阶段，主播本身也具有强烈的自我传播诉求。此时企业与主播建立合作关系是比较容易的，也符合双方诉求；同时，若主播成长为个人化的IP，此时的合作也将为后续的合作奠定基础。

例如，PUMA曾以每年150万美元的价格与博尔特签下了6年的代言合同，因此在博尔特成长为个人化IP后，PUMA打败了出价更高的NIKE，以每年900万美元的价格成功续约。同样，美邦也由于在《奇葩说》成长初期对其进行过赞助，因此到第三季时依然能够以较低的价格继续保持合作关系，并在《奇葩说》中获得更深度的品牌植入。

虽然对主播长期投入并非就能获得最佳回报，但在主播成长初期就与其进行合作，无疑是最具性价比的一种形式。特别是当主播成长为个人化 IP 时，初期合作的价值回报将更加巨大，这在内容性合作方面更为明显。

本书在写作过程中，通过面谈、微信、电话采访等方式广泛征询了粉丝的意见，并形成了与粉丝协同互动的模式，由此形成了微人脉，欢迎大家互粉交流。（排名不分先后）

崔万志

微信号：122801

超级演说家、雀之恋品牌CEO、蝶恋服饰CEO。

微信二维码

袁媛

微信号：15564312715

涵曦集团董事会成员、120团大团长。集美丽与智慧于一身，专注于培养微商大咖。

微信二维码

林景丽

微信号：15767258088

15年的职业教育办学者转战微商。
多情猫磁疗无痕保健文胸品牌创始人。

微信二维码

勇哥

微信号：8311944

沸点天下董事长
首创微商行业展会——中国微商博览会（已成功举办三届）；首创微商人的大型盛典——微商春晚（2016年12月举办第二届）；首创微商人自己的节日——53微商节；推出微商人的信物——小兵仔（吉祥物）；创立微商英文名词——microboss；推出微商之歌——梦不远；举办"52强微商女王"评选；举办"微创业之星"评选；举办"百强微商团队"评选；举办"微商风云人物"评选。
目前，沸点天下已经跟13119个微商团队建立链接，与2683个微商品牌/厂家建立合作及资源对接。

微信二维码

微人脉

微人脉

徐娟（猫姐）

微信号：xujuan6666

来自涵曦18分团，涵曦团队成立一年多，成员突破50万。拥有实体体验店2万多家，已经成为微商界的传奇。元老级省代猫姐，旗下1500家体验店，团队人数超过5万。

微信二维码

饼干

微信号：minabinggan

郑多燕亚洲合伙人、多燕瘦联合创始人、"弯道超车"五大系统创始人。

微信二维码

陆秋莹（美妖）

微信号：89930361

美妖，涵曦元老创始人！高颜值，高能力！在最值得努力的年纪，用所有的时间和精力为自己的事业奋斗！

微信二维码

涵曦TM田泡泡

微信号：tianying104920404

涵曦元老级省代分团泡泡团长，分团成员10万人，遍布全世界各地；线下实体店1000家，专注于培养省代市代！人生最美丽的年华做最优秀的自己！

微信二维码

微人脉

杨道兰

微信号：yangdaolan201661

上海燊崛商贸有限公司总经理、蘭鑫总部创始人、知遇之恩蘭鑫足道创始人、微商春晚35万赞助商、CCTV《赢在品牌》专访嘉宾、CCTV《爱心益起行》发起人、《创女神》联合作者、《炮轰微商》专访嘉宾。

微信二维码

莹子

微信号：247170831

微商平面设计第一人、各大微商团队及品牌特邀首席设计师、赛格映像全球旅拍团经纪人。成功打造无数知名团队高端形象，并得到高度认可和评价，是公认的设计才女！

微信二维码

徐瑄

微信号：15166662159

今日头条、优酷签约音乐达人，山林吉他教育有限公司CEO，高端剥离逆生长修复保养市场总监。

微信二维码

富德

微信号：18605632284

安徽优之颜化妆品有限公司汇英盟团队创始人、优之颜执行CEO、慕得莉全国总代、苹果达人梦想汇会员、万志创友会会员及高级爱心大使。

微信二维码

微人脉

王勇财
微信号：1263013977

安朵国际有限公司CEO、义乌市安朵电子商务有限公司董事长。
2015年文明诚信网商、淘宝网饰品行业前10名，速卖通饰品皇冠大卖家。安朵国际正在打造一个电商微商共创生态圈。

微信二维码

林海泉
微信号：EE169169

北京清大盈安投资管理有限公司经理、北京大学总裁研修班顾问、北京山水户外俱乐部顾问、广东顺德麦香餐饮创始人。

微信二维码

华江
微信号：huajiang8888

华东GAS执行董事、无锡优秀企业青年管理者、轩少珠宝联合创始人、轩少文玩创始人、轩少私人订制品牌营销总监。

微信二维码

盛丽晴
微信号：13222982225

希娜·森米·安沫·LS品牌总代，"晴子家族"创始人、新浪微博认证樱槿公司总代理。
精通电商运营，资深微营销讲师，情感营销、心理学营销专家。

微信二维码

微人脉

潘育芬

微赢高级代理商，凝好、波后总裁。

微信二维码

罗恋

微信号：58215444

从原来月入2000元的159斤胖妞，到如今月入60万元，千人大团的创始人！她是如何逆袭成功的？关注她，下一个逆袭女神就是你！

微信二维码

钱程

微信号：15552021292

姨姥姥品牌创始人、山东瑞程泽生物科技有限公司董事长、微商3年实战导师。

微信二维码

郑雷

微信号：827345678

从事电商运营推广9年、自有年销量1.2亿女装店铺。

微信二维码

范范

微信号：13821145501

2013年放弃海外高薪工作回到国内发展，做微商3年。在选择产品上，她以独特的眼光，发现了安全套和痔疮湿巾的巨大商机！全权拿下v7有机精油安全套全网运营权和唯莎痔疮湿巾的国内总经销！空白市场，0竞争，最重要的是关爱人类下半身的健康！

微信二维码

微人脉

于昊冉： 90后海归创业者、日本国立大学硕士、广州石舫生物科技有限公司总经理。杞美人原始创始股东，wehome日本分会会长（775489648）。

沈佳璐： 往往网络CEO、环宇云商COO、疯蜜高端女性社群联合发起人、名人堂联合创始人（shenlulu99）。

刘　晓： 艾花基妮官方董事、东莞分公司CEO，月入30万微商内衣姐（527822633）。

苏木兰： 绮萱国际创始人，旗下代理商已有数万人。绮萱国际的企业核心文化是：让我们一起传递健康与美丽，帮助更多的人（Gi8889）。

张春玲： 中燃敏业（大连）物资有限公司董事长、大连市煤炭行业流通协会副会长，现在进入互联网消费金融领域（DIchunzi）。

李　花： V塑全国执行董事、Baby联盟飞跃战队创始人（13729897763）。

何绮君： 94年白羊座，一直保持热情和冲劲是我的风格。做微商3年，是两个实体店的店主，维卡菲执行董事（594725168）。

肖森舟： 马云3次接见，超级畅销书《微信营销108招》作者（83097）。

卢　刚： 来自江西宜春，在广州花都公共汽车有限公司工作，为人诚实，个性乐观（LUGANGLUGANG026）。

施科升： 优云美施集团董事长，中国90后十大影响力人物，全国劳模（shikesheng918）。

叶英俊： 金融领域自媒体先行者，银行培训专家叶老师（15880234711）。

张　纯： 2016年创办自己的水果销售公司"张鲜生"，做最"优鲜"的水果电商（18634543600）。

黄田永： 陈安之老师的助理，一定要成功的90后（A1296634939）。

叶华东： 大凉山吃货团创始人（yhd376017596）。

李海奎： 艾花基妮董事。艾花基妮主打调整型内衣、收腹套装，关爱女性 从艾花基妮开始（ling916020348）。

郭大桂： 樱格科技集团CEO、微商姨妈巾品类领导者、"您的健康美胸专家"美姿臣品牌创始人（ygsupreman）。

陈　雪： 雪鹰领主商贸有限公司芙肌蜜品牌创始人（1356748868）。

李春丽： 四季优美随便果总经销商。随便果是排毒清肠的功能性食品，出口52个国家（LCL0317）。

丹提小七： 丹提国际CEO、绿盼品牌创始人，带领10万微商创富（15656088989）。

林可可： 眼镜批发店主、维卡菲执行董事。对我来说女人的价值，不只是奉献家庭，更多的是活出真正的自己（309476271）。

冯安然： 冯安然，百度竞价隐形冠军，微商笨小孩团队创始人（QQ425905）。

黄兰芳： 三秘堂黑膏药全国总代。孝是一贴爱心膏药，全身心为您服务（hlf864237593）。

杨　敏： 能量教主（minmin116145）。

吴志云： 义乌人，数学老师，中层管理者。副业在做移动互联网+的培训工作，还做微商！喜欢结交朋友，有正能量（wuzhiyun9128）。

袁　玥： 广东佛山步月心文化科技有限公司负责人、中国演出协会第一明星经纪网袁玥（YY13858153488）。

黄孝财：	商企动力 CEO（互联网金融、电子商务）（395511363）。
Ting Johnson：	美国中国高端人脉资源链接、私人订制全球高端旅游项目，自媒体人（tingbridal）。
李　莉：	莉莉国际创始人、卡菲琳商学院资深讲师、卡菲琳联合创始人、泉立方大区韩中交流协会副会长（13506571078）。
彭　超：	薇若妮 CEO、竹韵集团董事。公司专业研发生产最天然健康的姨妈巾，欢迎有志之士来公司考察（292855077）。
孙　飞：	韩国 3CE 微商学院院长、CS 渠道事业部总经理、电商渠道部总经理（13926274133）。
杨　勇：	退役军人，来自湖北随州，师从中国微信自我营销第一人肖森舟老师（224406583）。
林金莺：	瑞肽国际执行总监、5 家大型商超熟食店老板（wxid1239688）。
宣力萍：	香港法欧美集团控股董事长（13646891313）。
丁　雪：	瑞肽国际执行总监、嘉瑞创始人，传承女性健康文化（DX896477302）。
石得军：	鱿鱼哥，妃尝鱿美品牌创始人、轻奢罐装鱿鱼开创者、天杞园美姿特膳官方合伙人，k 友汇烟台负责人（819511001）。
唐飞飞：	微笑面对生活是我的人生态度，让和煦的微笑温暖周围的所有（qw1510319604）。
宋　霞：	开实体店 8 年，做微商 2 年，自主品牌美沁颜创始人（849917750）。
沈家骥：	90 后在校大学生，运动健将，篮球队队长，学生会主席，获得各项运动冠军，无数次获奖学金……曾任上海机场空中乘务员，现任苹果达人私人助理！有思想有魄力的阳光青年！大胆去想放手去做，主动出击创造奇迹（525208734）。
程　瑞：	女人帮瑞双国际开创人、壹太美商学院创始人、养生专家（xr1439187331）。
夏礼兵：	17 火创始人之一，天杞园战略官方，网红团队执行董事，尖叫团队创始人（xtsp2008）。
尹威廉：	17 火创始人之一、天杞园战略官方广州网红信息科技有限公司 CEO，尖叫天团创始人（75914170）。
邓菊香：	顶鼎之家铝业有限公司创始人，注册并创建了自己的品牌，在同行业中首屈一指（13385602546）。
周会娣：	艾茂基妮核心董事、成都分公司负责人。月入 20 万元创业辣妈，拥有将近 4000 人的团队（15982018595）。
王　洋：	彩客联盟、海帝斯盾钟表、e 伴数码及超越物流品牌创始人，黎明（香港）国际钟表有限公司总经理，深圳彩客电子科技有限公司、深圳超越物流有限公司总经理（wayne5212）
张　丽：	森米、希娜、安沫、LS，四个品牌的代理，我坚信，越努力越幸运（zl361701467）。
纪钧泷：	永盛支付董事长（15152395731）。

微人脉

毛见闻： 优士圈 CEO、2016 高端社群"微商操盘手"发起人。针对微商老大，办深度干货活动，对接渠道、信息、人际关系，共享行业资源（mjw414）。

张 凯： 90 后搞机达人，大学未毕业年销售额就超过 3000 万，致力于做电脑手机及办公设备优质服务商（2482169450）。

锋 子： 专注于策划互联网活动，现任中美摩根网络科技 CEO，微电商商学院院长（fz4777）。

叶 子： 希望在 30 岁的生命里，做一件到 80 岁想起来都还会微笑的事。在涵曦指挥千军万马，带着叶子团的人们在最好的年纪都冲上人生顶峰（lylyy201314）。

徐之声： 深耕微营销，徐之声，梦之声（rocker834603）。

尹俏俏： 现居日本，代购日本护肤品、健康食品酵素等，可批发（yqq225113）。

李建萍： 广州晶佰佲工艺制品有限公司法人代表，主营酒店、高档餐厅及各大夜场的工艺玻璃果盘 & 特色餐具摆件（LiJianPing2008）。

范 范： 广州语曦化妆品有限公司 CEO、梦芭蒂品牌创始人、范范团队 语曦国际创始人（fanxn0818）。

贾金超： 内蒙古呼伦贝尔人，现居住于浙江义乌。原色美卫生巾品牌联合创始人，香薇内衣品牌联合创始人（18257825881）。

王春华： 投资人。

吴 洁： 魔能国际棒女郎总代、女神泡泡总代、励志宝妈（wujie3763）。

李琳夏： 专业瘦身护肤达人，希娜、森米、安沫，L.S 授权代理（261427813）。

张 芸： 芸子乐创始人、台湾亚曼金执行董事！我们谋生亦谋爱，加入我们，成就梦想，（zhangy1666）。

张书新： 国家三级甲等医院资深护士，兼职微商内衣第一品牌艾花基妮，市级总代理（18866881067）。

唐 献： 广州怡康堂养生馆中医经络养生•芳香调理，健康倡导者（ty4435）。

一 一： 今年 7 岁，刚刚从美国回来，全球最小微商，立志做 Teresa 那样的人物，在上海外国语小学读一年级（shaoziqi11111）。

吕双双： 养生保健专家、女人帮团队创始人、壹太美商学院创始人，培训近 2 万人（229542665）。

潘炳贵： 浙江七草电子商务有限公司 CEO。23 岁创办自己的企业，白手起家打造国内最大的移动生鲜果蔬超市（jinmeite）。

侯兴明： 就职于上海陈安之国际训练机构金话筒研究中心（houxingming7378）。

王仰兴： 从事移动支付系统定制、银行卡收单、互联网金融（18659388900）。

何金坤： 阿凡提商城为各位朋友提供一站式服务。和田大枣、若羌灰枣、玫瑰精油、阿克苏纸皮核桃、吐鲁番的各种葡萄干、喀什的巴达木、精河的纯天然枸杞（hejinkun007）。

包陆羽： 薇比（私护）品牌创始人、中国首本网红杂志《创女神》发起人、微领袖商学院特约讲师、汇微商资深创业导师（baoluyu1688）。

杜莹贤：微商实战操盘手，实战讲师，四年微商实战经验（hy520dyx）。
方小娜：涵曦惜福娜娜！80后的我，惜福，行善，微笑，阳光，赞美，舍得，修行（26255311）。
叶伟梅：居住在西班牙巴塞罗那的华侨，专注VR旅游，VR电商，目前是怒熊直播天使投资人（x675810491z）。
黄鹤鸣：涵曦元老、省代万人团团长小太阳，以成就别人的梦想为己任的大三学生（HHMstella）。
叶春梅：艾芘基妮内衣品牌官方省代（ycm66899）。
王　燕：爱当青汁官方、薇若妮官方、黑马团队创始人（wy100900）。
赛留洋：赛留洋品牌创始人（lynz304982241）。
郝梓伊：珍惜、感恩、回馈！亿启酷动创始人兼董事长、孙中山博爱基金会（USA）中国首席代表（18127818899）。
胡海丹：蜜秀儿品牌创始人、香港欧洲芭莎国际（集团）有限公司总裁、贯美生物科技（上海）有限公司董事长（mxe6299）。
束长珠：上海传美化妆品公司执行董事、博森美公司CEO（sczaxj1314）。
刘恒豪：宝贝钱袋COO、湖南贝壳电子商务有限公司CEO（609603902）。
周迎春：江苏溧阳人，四季优美随便果总经销！（349137368）。
周德波：天艺集团董事长、中国美食营养师、德波创友汇创始人（tyzb303）。
胡玉勋：胡玉勋国际美业培训机构创始人、半永久国际冠军、大赛评委（13754300761）。
庄丽文：灯具店主、护肤达人（liz0302）。
王安琪：信则誉团队创始人、万人团队缔造者，带领众多代理月入五位数（15979197479）。
Lynn 林琳：职业歌手、主持人，中国星首届全国流行音乐大赛总决赛专业组金奖获得者，首届全国公益歌曲评选大赛演唱金奖作品金奖，2015年成功在美国举办纪念邓丽君个人演唱会，被美国媒体盛赞中国靓声歌后（geshoulinlin）。
孔　哲：梦之星国际联盟创始人为20万女性提供创业平台，助你由平凡女性华丽蜕变成独立女神（15020788920）。
刘姿麟：A.T集团股东、梦之星国际联盟创始人之一，带领数万人创业大军开启致富之路（liuzilin0508）。
王　爽：梦之星国际联盟创始人之一、资深美容医师，带领10万爱美人士打造属于自己的王国（1749557062）。
贝　尼：微女神团队创始人、A.T品牌最大股东，带领10万代理商，A.T品牌销售总冠军（15139856700）。
赵　烨：A.T安陶集团官方代理、澳世通地产公司总裁（澳洲地产职业人）（xiaomai423536）。

微人脉

黄宁吉： 吉鑫商贸团团长，我们是自贸体，也是自媒体。微商爆款的始发者（13226022101）。

赵　蓓： 青岛安佟生商贸有限公司CEO、中国首届大学生创业大赛导师、粒威联盟联合发起人，ACE团队创始人、80后操盘手、多啦衣梦运营总监（2727699179）。

徐小琪： 梦之星联盟创始人之一、海龟博士、移动电商零售达人（121081311）。

娄佳波： 波波战队创始人、【又白洗衣片】联合创始人、藏御堂官方合伙人、森舟梦想汇赞助商（370577385）。

郑洪章： 妃丽彬联合创始人（zhz63566168）。

张居健： 世佳电子商务董事长、美致玩具全国总代理（15195845510）。

赵建民： 高级信用管理师，个人、企业信用评价报告；WV旅游顾问（qdzh5656）。

项延闽： 杭州娇莱朵化妆品有限公司创始人、法国法莱朵集团微商运营总监、羽翼联盟发起人（13599070777）。

王　杰： 广州杨森CEO，专为微商代加工的化妆品厂家（13662373988）。

战马哥： 战马会创始人，专注微营销培训及社群结合商业模式研究（955729）。

孙登峰： 优上海奇颐家具有限公司董事长（a33638333）。

万雯雯： 女皇团创始人、皇室家族品牌创始人，以成就每一位团队成员为最终目标（15058355022）。

陈志刚： 雅瑞投资人、带着精英团队在风险把控的前提下从事着大美中华的美好建设，做人做事无所求便有所为（maoye5777）。

贺兴祥： 七天好伴侣创始人，用科学家的思维呵护女性乳房健康，全球唯一一款负离子生物磁无痕无钢圈调整型保健内衣（18588866988）。

韩晓菲： 2014年辞掉律师事务所年薪百万元的高薪，全职做微商！擅长分析趋势、研究模式；擅长培训营销！擅长培养团队老大（18721302873）。

阴少坤： 俏美时光（北京）生物科技有限公司CEO、sk全国靓号俱乐部创始人。2015自创品牌【EBV】氨基酸零添加系列护肤、护发产品（15501008888）。

杨赵进： 《微商之道》作者、微商团队落地辅导第一人，是全国最早一批微营销实践者（87619359）。

王　妍： 汇英盟团队创始人（OL0563）。

刘红利： 提供最专业的化妆品OEM、ODM一站式服务，服务客户累计2673家，含专业线、日化线、药妆、电商、微商，4800多款成熟配方，高端定制打造您的品牌（18664651468）。

姚邓云： 广西区"循记"高端会所董事长、香蔓蕾胶原蛋白线球CEO、逆袭•V团队创始人（Lanren9051）。

李天云： 20世纪80年代末生人。接触微商不到6个月，月收入成倍增长（LY82330115）。

杨露茜： 花红药业董事、美微联盟盟主、一姐团队创始人、CCTV3专属模特（13732022774）。